Thomas

Sehnsucht Internet

Sucht und Sehnsucht,
Liebe und Leid,
– ein intimer internetkurs mit Gaby

(surfen, chatten, mailen)

SMART BOOKS

Sehnsucht Internet

Copyright © 1998 by SmartBooks Publishing AG
Seestrasse 182, CH-8802 Kilchberg

Aus der Schweiz:	Tel. 01 716 14 24, Fax 01 716 14 25
Aus Deutschland und Österreich:	Tel. 0041 1 716 14 24, Fax 0041 1 716 14 25
http://www.smartbooks.ch	E-Mail: smartbooks@smartbooks.ch

ISBN 3-908489-12-1

2. Auflage 1998

Originalausgabe

Konzeption und Koordination:	SmartBooks Publishing AG
Lektorat:	Peter Wolf
Layout:	Volpain
Gestaltung:	Kabeljau Design, St. Gallen

Alle Rechte vorbehalten. Die Verwendung der Texte und Bilder, auch auszugsweise, ist ohne die schriftliche Zustimmung des Verlags urheberrechtswidrig und strafbar. Das gilt insbesondere für die Vervielfältigung, Übersetzung, die Verwendung in Kursunterlagen oder elektronischen Systemen.

Der Verlag übernimmt keine Haftung für Folgen, die auf unvollständige oder fehlerhafte Angaben in diesem Buch zurückzuführen sind.

Inhalt

Sehnsucht Internet **1**

Kleines Internet-Lexikon **182**

Kleines AOL-Bedienerhandbuch für Einsteiger **189**

Chaträume *189*
Profil *189*
Chatten *191*
E-Mail *195*
Zugang ins Internet über den Online-Dienst AOL *197*
Buddy-Liste *197*
Wettervorhersage *198*
Flüge online buchen *198*
Kataloge von Versandhäusern durchsehen *199*
Paßwort *199*
Privatraum *200*
Treffpunkt *200*
Museum *200*
Online-Quiz *200*
Foren *200*
Rechtforum *201*
Pinboards *201*
Finanzforum *201*
Literaturforum *202*
Konferenzen *202*
Gerichtsurteile im Forum Recht *202*
Akademie der Bildenden Künste *202*
Österreich-Chat *203*
AOL-Mitgliedergalerie *203*
Topics *203*
Juristenstammtisch *203*
WUV (Wir um Vierzig) *204*
Online-Schulungen *204*
Software-Bereich *204*

Buchprogramm SmartBooks **207**

Diese Geschichte beruht auf einer wahren Begebenheit.

Namen und Daten sind bewußt geändert beziehungsweise verzerrt, so daß Ähnlichkeiten mit existenten Personen nicht beabsichtigt sind und rein zufällig wären.

Gewidmet ist dieses Buch einem Mann, den ich hier Peter nenne, und der in mir an einem grauen Monitor tiefere Gefühle weckte, als ich sie jemals zuvor kannte. Für diese Erfahrung und die daraus resultierenden Erkenntnisse bin ich sehr dankbar.

Gabriele Farke
`http://members.aol.com/hexenkiss/`

Sehnsucht Internet

«Hier hast du mal eine Internet-CD-ROM, Ma, falls du überhaupt weißt, was man damit anfangen kann. Wir haben heute in der Firma ein paar davon zur Probe bekommen und sollen sie mal testen...»

Grinsend lehnte meine Tochter im Türrahmen zur Küche, und wieder mal konnte ich mich dieses dummen Gefühls nicht erwehren, daß sich hinter der Stirn dieses süßen achtzehnjährigen Kopfes Gedanken wie: «*Na, zumindest hast du mit der Alten mal drüber gesprochen und es ihr angeboten...*» als Vorurteil bereits manifestiert hatten. Was dachte sie nur von mir? War ich in ihren Augen wirklich altmodisch und senil? Warum? Warum dachten die jungen Leute, daß die «overforty-generation» Häkel- und Ernährungskursen gegenüber wesentlich aufgeschlossener sei als irgendeiner, wenn auch noch so kleinen, technologischen Neuentwicklung? Schließlich hatte ich meine Lernfähigkeit doch unter Beweis gestellt, oder konnte ich etwa nicht mit schnurlosem Telefon, Fernbedienung fürs Kabelfernsehen, Camcorder und sogar Videorekorder umgehen? Auch der Toaster gehorchte meinen geübten Handgriffen einwandfrei. Und diese komplizierte Handhabung mit den Bank- und Kreditkarten! Nein, sie täuschte sich, diese kleine Maus. Ich konnte es noch gut mit der Jugend aufnehmen, ganz sicher!

Internet!? Na ja, gehört hatte ich davon schon, aber so recht wußte ich doch nicht, wie es jemals funktionieren könnte, international über einen Rechner mit wildfremden Menschen zu kommunizieren. Neulich erst hatte ich von der Neueröffnung eines «Internet-Cafés» gelesen und mich gefragt, was das nun wieder war. Und wenn ich überhaupt eine vage Vorstellung hatte, dann höchstens die, daß die Gäste dort vielleicht ihre Bestellungen auf der Tastatur eines Computers eingeben würden und die Rechnung in großen Ziffern für alle sichtbar über einen Riesenmonitor eingeblendet wurde, der irgendwo an einer Deckenecke montiert sein würde.

Achtung, Tisch achtundvierzig: Bitte zahlen Sie dreiundzwanzig Mark und fünfundzwanzig Pfennige

Wahrscheinlich sprach noch eine weibliche Computerstimme dazu, so daß auch akustisch alle Gäste mitbekommen würden, wieviel Cognac und wieviel Stück Torte sich im Magen des enttarnten Gastes von Tisch achtundvierzig befanden. Visionen von George Orwell und dem totalen Überwachungssystem des Großen Bruders tauchten vor meinen Augen auf.

Internet. Mit meinem Textverarbeitungsprogramm im Büro kam ich gut zurecht, das hatte mich allerdings auch schon Freizeit, Nerven und Weiterbildung genug gekostet. Das endlose Sitzen und Schwitzen nach Feierabend auf den harten

Stühlen der Volkshochschule! Ganz abgesehen von dem schmerzhaften Verlust meiner damaligen Freunde, die ich bei jeder sich bietenden Gelegenheit in anfangs geselliger Runde nervte, um endlich begreifen zu lernen, WER da eigentlich die Buchungen und Buchungsverknüpfungen vornahm, WER die Bilanzen erstellte in meinem neuen Finanzbuchhaltungsprogramm! Gemütliches Beisammensein an den jeweiligen Abenden hatte sich dadurch meist schnell erledigt.

Wer jemals geglaubt haben mag, fragen mache schlau, der hat sich geirrt. Fragen macht einsam!

Wie oft war ich ernsthaft verzweifelt, weil ich glaubte, meinen Computer niemals verstehen zu können! Oft genug hatte ich in der Mittagspause diverse Apotheken gestürmt, um mir Traubenzucker und Kopfschmerztabletten in den preiswerten Mammut-Vorratspackungen zu besorgen. Im harten Berufsleben freiwillig zuzugeben, frau sei mit vierzig nicht mehr so lern- und leistungsfähig wie mit zwanzig, na ja, das ist schon eine ziemlich harte Pille.

«Julia, hmm, ja, oh ja… danke! Gib mir das Teil mal mit, ich wollte ja schon immer…»

Meine Tochter hatte den Türrahmen längst geräumt, und so sprach ich wieder mal ins Leere.

Na warte! Sie warf mich zum alten Eisen, obwohl sie mich doch hautnah in meinem «jugendlichen Alltag» erlebte. Der brennende Wunsch, mich dem Fortschritt dieser Welt nicht verschließen zu wollen, nahm in meinem weiblichen Hirn konkrete Formen an.

Am nächsten Tag besorgte ich mir die ersten Informationen über das Internet. Puhh, trockene Materie, aber da mußte ich wohl durch.

Anmerkung:
Im Anhang dieses Buches ist ein kleines Internet-Lexikon beigefügt, in dem einige «Insider-Begriffe» allgemeinverständlich erläutert sind.

Des weiteren habe ich für Neueinsteiger ein praktisches Handbuch erstellt, in dem einzelne Vorgehensweisen detailliert und praxisnah erläutert sind.

Sämtliche im Text mit *Fußnoten versehenen Begriffe und Aktionen sind in diesem Handbuch aufgegriffen und sollen dem Leser/der Leserin so den Einblick beziehungsweise Einstieg ins Internet erleichtern und als kleine Hilfe dienen, eventuelle Hemmschwellen abzubauen.

(Trockene) Einführung ins Internet

In der heutigen, technologisch rasant voranschreitenden Zeit wird immer mehr Rechnerleistung benötigt. Das Ziel der EDV ist, alle Anwender möglichst schnell mit neuesten Informationen zu versorgen. Eine Möglichkeit besteht darin, sogenannte Computernetze zu installieren. So können unterschiedliche Dienstleistungen abteilungsübergreifend bzw. international vermittelt werden. Der Datentransfer erfolgt über sogenannte Medien (Kabel, auf denen die Kommunikation übertragen wird). Die zunehmende Komplexität einer unternehmensweiten Verknüpfung aller Kommunikationsdienste (Sprache, Daten, Video, Bilder), das rapide wachsende Datenaufkommen und die ständig steigende Teilnehmeranschlußdichte erfordern zukunftssichere sowie dienstneutrale und strukturierte Verkabelungskonzepte. Die Übertragung von Daten erfolgt in Datenpaketen. Ein Internet-Benutzer ist in der Lage, Zugang zu jedem Rechner des weltweiten Internet zu erhalten. Er muß lediglich als Zielangabe eine Internetadresse angeben, so daß der Weg zum Zielrechner gefunden werden kann.

Die Wurzeln des Internet sind in den 60er Jahren (1957) in den USA zu finden. Zuerst war es ein militärisches Forschungsprojekt. Schon in den 70er Jahren (1969) wurde es zum ARPANET (Advanced Research Projects Agency) erweitert. Es war das erste paketorientierte Netz (Übertragung der Daten in Datenpaketen).

In Deutschland startete die Entwicklung des Internet im Universitäts- und Forschungsbereich. Schon 1990 versorgte die deutsche Zentrale des europäischen Netzes (Eunet), die die «Informatik Rechnerbetriebsgruppe» IRB an der Universität Dortmund im Rahmen eines Drittmittelprojektes betrieb, rund 250 Institutionen via UUCP.

Es gab somit Dienste wie News, E-Mail und Dateitransfer. Seit 1991 verbesserte sich die Infrastruktur zusehends.

Um mit Hilfe eines PCs über ein Modem Zugang zum Internet zu bekommen, muß – außer dem Telefonanschluß – auch die entsprechende Software vorhanden sein. Hier stoßen wir auf sogenannte Provider. Dies sind Anbieter eines Internet-Zugangs. Ein Provider bietet die Einwahlmöglichkeit über ein Modem sowie über ISDN-Verbindungen ins Internet und verlangt dafür entweder einen monatlichen Pauschalbetrag oder/und zeit- oder datentransferabhängige Nutzungsgebühren. Auch einige sogenannte Online-Dienste, wie etwa AOL und T-Online, fungieren als Internet-Provider.

So, das mußte nun aber reichen! Learning by doing war mir immer noch am liebsten.

Am nächsten Morgen brachte ich während der Frühstücksrunde mit meinen Kollegen, die mit mir in einem Institut zusammenarbeiteten, das Thema meiner vorangegangenen schlaflosen Nacht zur Sprache. **Internet!**

Meine männlichen Kollegen waren ausnahmslos um etliche Jahre jünger als ich und als teilweise sogar promovierte Ingenieure natürlich längst auf dem neuesten Stand der Technik. Daß ihre blonde Gaby hier aber vom Internet sprach, schien sie geradezu umzuwerfen. Sie starrten mich ungläubig an und taten so, als erzähle ich von der leibhaftigen Beobachtung einer UFO-Landung in Nachbars Garten. Einige von ihnen vergaßen sogar das Hinunterschlucken.

Nun ja, unser Betriebsklima war ausgezeichnet, so daß mich sicher niemand der netten Herren bewußt verletzen wollte, indem er aussprach, was er gerade dachte. Jedenfalls hatte ich dennoch zwei Stunden später meinen Willen durchgesetzt, und mein erster Zugang zum Internet war ermöglicht.

Das Programm hatte mir ein hilfsbereiter Kollege installiert, und obwohl er sonst eigentlich so nett war, konnte er sich die Bemerkung: «Na, Gaby, dann versuch halt mal, einen zehnstündigen kostenlosen Blick in die große weite Welt zu werfen. Ja ja, tut dir sicher auch mal ganz gut...» nicht verkneifen. Er unterstützte seine wohlwollenden Worte durch ein aufmunterndes Schulterklopfen und zwinkerte mir zu. Erschien ich etwa auch ihm weltfremd? Na, dies reichte mir nun doch endgültig und veranlaßte mich, direkt und sehr entschlossen das Schild

Bitte nicht stören – heute Finanzbuchhaltung

außen an meiner Bürotür anzubringen und diese sogleich von innen energisch und lautstark zu schließen. *Das wollen wir doch mal sehen!*

Einem kleinen Prospekt eines Online-Dienstes, der sich AOL (America Online) nannte, und mit dem man auch einen Zugang zum Internet haben sollte, entnahm ich erste Instruktionen, um den richtigen Einwahlknoten auszusuchen und die nötigen Einstellungen vornehmen zu können. Gar nicht so schwer!

Oh, einen anderen Namen durfte man sich ausdenken, wie nett! Der Phantasie waren keine Grenzen gesetzt. Nun, davon hatte ich genug! Der Schalk saß mir im Nacken. Spontan fiel mir der Name «Hexenkuss» ein, also tippte ich meinen künftigen Internetnamen schnell ein. Keiner konnte ja ahnen, wer sich dahinter verbergen würde.

Ich las im Prospekt nach, daß es sogenannte Chaträume*1 gab, in denen man andere Leute, die hier «Anwender» beziehungsweise «User» genannt wurden, treffen und sich mit ihnen unterhalten konnte. Also, rein ins Vergnügen! Nichts und niemand konnte mich noch aufhalten!

Doppelklick mit der Maus, und eh ich mich versah, war ich zum ersten Mal in meinem Leben «ONLINE».

Automatisch befand ich mich im Chatraum «Herzklopfen», konnte mir aber nicht erklären, wie ich da hineingekommen war. Na, egal. Jedenfalls war ich erstmal da. Die Namen der Rauminsassen konnte ich in einem kleinen Fenster sehen. Oh ja, da war tatsächlich auch <Hexenkuss> zu lesen. Es befanden sich derzeit einundzwanzig Personen hier. Kaum zu glauben, mußten die alle nicht arbeiten?

Mein Blutdruck stieg. Gott, war das aufregend! Klickte man irgendeinen Namen in dieser Raumbelegungsliste an, erschien ein sogenanntes Profil*2 des «Auserwählten», eine Art Visitenkarte mit persönlichen Daten.

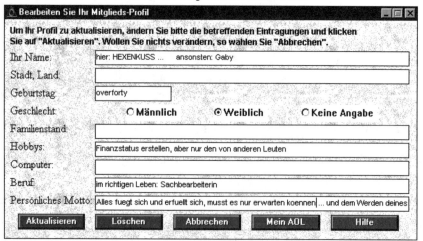

Ich begann, die jeweiligen Profile der Rauminsassen aufmerksam zu studieren. Interessant, was manche so als Lebensmotto angaben. Von «just for fun» bis zu hochintellektuellen Ergüssen war tatsächlich alles vertreten. Altersangaben, Lebensmotto und vor allem der Familienstand interessierten mich schon sehr.

Was war das? Plötzlich erschien folgende Meldung auf meinem Monitor:

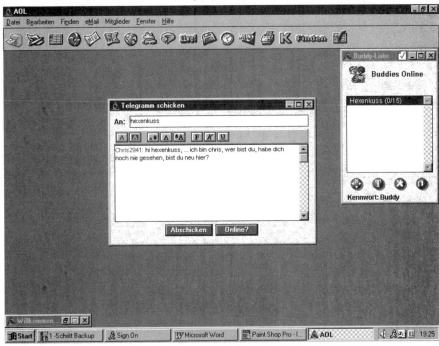

Huch!

Meine Güte, war das aufregend. Dies war mein erster **Online-Kontakt**!

Chris stellte sich vor. Er lebe in Dortmund und sei dreiundzwanzig Jahre alt. Er kümmerte sich rührend um mich, indem er mir die wichtigsten Regeln des «Chattens»[*3] nahebrachte. Er erzählte, er sei schon einige Monate in Internet und AOL und habe bereits die tollsten Erfahrungen hier gemacht, aber ich solle mich mal selbst überraschen lassen.

Er erklärte mir, wie man die geschriebenen Worte «lebendig» gestalten konnte, indem man ihnen entsprechende Smileys hinzufügte, wie zum Beispiel:

:-X   für einen Kuß,

:-)   für ein Grinsen,

:-(für ein trauriges Gesicht,

LOL   Laughing Out Loudly = lautes Lachen

Chris verriet mir wertvolle Tricks und Kniffe, wie ich in die verschiedenen Chaträume kam, wie ich Kontakt aufnehmen und E-Mails*4 schreiben konnte. Irgendwann ließ er mich mit Usern aus Amerika, Frankreich und Dänemark korrespondieren und dirigierte mich auch über AOL direkt ins Internet*5.

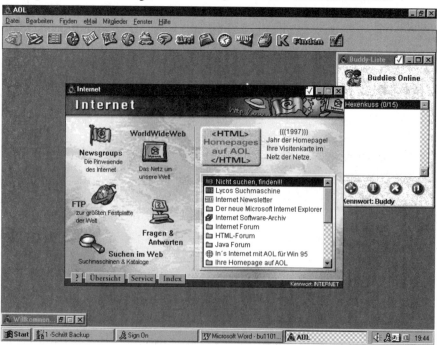

Unglaublich! Mein Gesicht glühte. Welche Möglichkeiten! Das hätte ich niemals für möglich gehalten. Was für eine wunderbare Technik! Hier konnte ich sogar meine Fremdsprachenkenntnisse wieder auffrischen! Und wie ausgesprochen nett die Jungs alle waren!

Chris erklärte mir noch, wie ich eine Buddy-Liste[*6] anlegen konnte. Das war ein Fenster, das ich immer sehen würde, wenn ich in AOL war. Dort konnte man seine Freunde eintragen und sah automatisch, wann wer online war. Klasse!

Die Arbeit meines «eigentlichen» Arbeitstages hatte sich für den heutigen Donnerstag erledigt, ich gab mich ganz dieser technologischen Zukunft hin und genoß es, mich mit Chris' Hilfe über Angebote im Internet und im Online-Dienst AOL zu informieren, die mir bis heute morgen noch völlig unbekannt gewesen waren. Es gab nichts, was es nicht gab. Hier erhielt man per Mausklick Auskünfte über das Wetter in der ganzen Welt[*7], konnte Flüge online buchen[*8], Kataloge von Versandhäusern durchsehen[*9] und online direkt die Waren bestellen. Oder auch unter einem beliebigen Stichwort sämtliche Informationen abrufen, die im Internet gespeichert waren. Sensationell! Und immer wieder chattete (plauderte) ich «live» mit Menschen, die teilweise Tausende von Kilometern weit entfernt daheim oder im Büro an ihrem Rechner saßen. Heute schienen ausnahmslos Männer online zu sein. Aus Washington, Iowa, San Francisco, na ja und natürlich auch aus Deutschland.

Ich machte wieder Überstunden. Heute jedoch zur Abwechslung mal: Internetüberstunden!

Immer noch unter den Eindrücken dieses aufregenden Arbeitstages schilderte ich meiner Tochter abends meine ersten Erfahrungen mit dem Internet und AOL. Sichtlich erstaunt über meine Begeisterung sprach sie seit längerer Zeit mal wieder interessiert und über eine halbe Stunde am Stück mit mir, wobei sie mir ihre eigenen diesbezüglichen Erfahrungswerte mit in den nächsten Tag gab, den ich kaum erwarten konnte.

Endlich Freitag! Die Kollegen verließen gegen fünfzehn Uhr das Büro, um in das wohlverdiente Wochenende zu starten, was mich aber nicht etwa auch wie bisher immer freitags auf die Autobahn nach Hause, sondern heute auf direktem Wege auf die Bundesdatenautobahn steuern ließ.

Anmelden, «Hexenkuss» eingeben, Paßwort[*10] tippen, Doppelklick.

Eine freundliche Computerstimme begrüßte mich mit einem melodischen «WILLKOMMEN».

Einige Anwender kannte ich schon von gestern, und prompt erhielt ich vier Telegramme gleichzeitig. Der Small-talk war in vollem Gange, und es erforderte äußerste Konzentration, allen Herren gleichzeitig gerecht werden zu wollen. Manche von ihnen tippten ganz schön schnell. Im Chatraum «Herzklopfen» war es wieder mal ziemlich voll.

Schnell schaltete ich mit den entsprechenden Tasten **STRG** und **P** um, genauso, wie Chris es mir gestern erklärt hatte, und studierte die Profile. Hm, oh ja, der klang gut: PierreBN. Na, das schien ein ganz Vernünftiger zu sein.

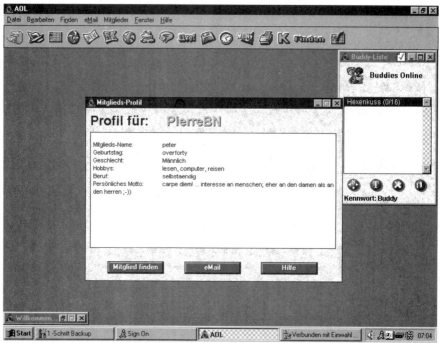

Kurzentschlossen schrieb ich ihm ein Telegramm. Telte ihn an, wie es in der Online-Sprache heißt.

Hexenkuss:	hallo, hast du etwas zeit für mich?
PierreBN:	hallo, wer bist du denn, oder hab ich was verpennt?
Hexenkuss:	nein, nein, … mein name ist gaby, … noch kennen wir uns nicht ;-)
PierreBN:	ich freue mich, … habe gerade in deinem profil nachgesehen, … wir sind ja die wenigen overforty hier, … die älteren herrschaften im reiche der modernen kommunikation … LOL
Hexenkuss:	Was machst du beruflich?
PierreBN:	ich entwickle soft- und hardware für den medizinischen bereich … hmm, … nette abwechslung hier mit dir, ohje, jetzt war der kaffee kalt, iehhhh
Hexenkuss:	armer kerl, dann gönn dir gleich zuhause mal einen glühwein, dann wird dir heiß
PierreBN:	mir wird jetzt schon ganz warm … ;-) du bist die netteste abwechslung, seitdem ich im internet bin
Hexenkuss:	errötet und nimmt dich in die arme … woher kommst du, peter?
PierreBN:	schön, mal etwas farbe im monitor zu sehen <grins> … bin aus köln …und mache gerade pause, … LOL, und lerne gerade hexenkuss kennen ;-)
Hexenkuss:	ui, na, dann schaun mer mal, gell?
PierreBN:	dich gibt's noch nicht lange hier, richtig? … schlage vor, wir machen einen privatraum[*11] auf, da können wir ungestörter miteinander reden … :-))
Hexenkuss:	privatraum, peter … was meinst du? wie geht denn das? ungestörter? hmm …
PierreBN:	ach, paß auf, … ich mach das schon für uns … du bekommst gleich eine einladung … ;-) mal sehen, wie wäre es mit dem raumnamen «NURWIRZWEI»?
Hexenkuss:	ja, okay … na, das wird spannend, … aber hilf mir, wenn ich dich nicht finde

PierreBN:	keine angst, es kann nichts passieren, du brauchst auf der einladung nur auf das icon «GEHE ZU» zu drücken, dann geht alles wie von selbst ;-)

```
*** OnlineHost ***:   Sie befinden sich im Privatraum «NURWIRZWEI»
```

PierreBN:	da bist du ... <freu> ... komm, ... so geht es vielleicht besser, brauchst deine antworten nicht immer mit der maus abzuschicken, sondern einfach nur auf 'ENTER' drücken ... <smile> ...
Hexenkuss:	huch, ... wirklich nur wir zwei hier ... meine güte, was es alles gibt ... mußt mir alles erklären ... muß ich «smile» immer mit angeben, wenn ich lächle?
PierreBN:	na ja, man setzt es in eckige klammern so «sieht» man, wenn du lächelst, ist doch nett ...
Hexenkuss:	kommt jetzt hier kein anderer rein?
PierreBN:	nein
Hexenkuss:	dann können wir ja machen, was wir wollen!
PierreBN:	sozusagen ein geschützter raum ... ohhh ja, wenn wir wollten ;-)) ...
Hexenkuss:	wollten? was schwebt dir vor? <smile> (besser mit den klammern?)
PierreBN:	seit wann bist du denn bei AOL? hmmm, mal sehen ... einfach ein bißchen erzählen
Hexenkuss:	wieso mal sehen? na gut, erzähl mir was, ... du hast sicher den durchblick hier!
PierreBN:	ach freche hexe, den hast DU doch eher ... mit finanzstatus und so, steht alles in deinem profil ;-)
Hexenkuss:	das täuscht sehr oft ... LOL ... ich bin blond, aber mache das beste draus ... mein chef ist noch hier ...
PierreBN:	ach duuu, dieser blöde blondenkram, ... ich mag blond ... aha, also auch mit deinem chef? ;-) ... bist du also eine bezirzerin ?
Hexenkuss:	sag mal, peter, hupt diese disk, wenn meine zehn stunden gratiszugang AOL um sind? ... und welche haarfarbe hast du? grau? ... <smile> ?

PierreBN:	also wirklich … frech … blond …eine tolle mischung, jedenfalls bist du nicht um worte verlegen … das merke ich
Hexenkuss:	ne, eine bezirzerin bin ich wahrhaftig nicht, dann wäre ich ja selbst schon chefin! wie alt bist du denn eigentlich?
PierreBN:	45
Hexenkuss:	verheiratet? zehn oder zwölf kinder?
PierreBN:	nein, du?
Hexenkuss:	ich: nein/eine tochter/einen hund … und du? gar nichts von alldem?
PierreBN:	doch … zwei söhne und einen hund … drahthaar … aber ansonsten bin ich so ein richtiger single … wieder, bin seit jahren geschieden ;-)
Hexenkuss:	lange schon? woran liegt's?
PierreBN:	ich habe als geologe viel im ausland gearbeitet …
Hexenkuss:	du hast doch was drauf, das ist doch ne gute basis, oder? verkriechst du dich?
PierreBN:	da … na ja, ich war eben nicht hier … nein … aber um mich herum geht alles kaputt … bist du schon lange allein?
Hexenkuss:	ich glaube ganz fest, daß ER irgendwann mal vor mir steht, klar, so ungefähr fünfzehn jahre, aber eben nicht allein, sondern … na ja …meine ehe war eigentlich nur 'ne ÜBUNG …
PierreBN:	da übe ich lieber künftig OHNE ehe … <smile>
Hexenkuss:	hast recht, ist preiswerter, übst du oft? … laß uns von etwas positivem reden
PierreBN:	JAAAAA … positives … es ist schön, dich hier zu treffen …
Hexenkuss:	gehst du viel ins theater? magst du musik, natur, tiere?
PierreBN:	nein, eher kino, natur … tiere …ich habe einen riesigen garten, wild, … verwunschen, … kirschbäume und tausende von wildblumen …
Hexenkuss:	oh, darf ich bitte eine kirsche haben? eine, bitte!
PierreBN:	@ … <--- bitte
Hexenkuss:	was heißt das denn nun wieder?
PierreBN:	kirsche, … mit kern sogar

Hexenkuss:	ach so, LOL ... ohh danke, mein herz, ist lieb von dir! und schmeckt süß ...
PierreBN:	wenn du es willst ... essen wir eine kirsche gemeinsam ...
Hexenkuss:	wie denn, am PC? du eine, ich eine?
PierreBN:	ach mensch ... gaby ... nein ... eine ... wir versuchen, EINE gemeinsam zu essen
Hexenkuss:	peter, kann ich unseren small-talk auch ausdrucken lassen?
PierreBN:	ja ... kannst du ... einfach oben auf DATEI drücken und dann auf «drucken» ... oder aber auch auf «speichern» ...
Hexenkuss:	bitte sag, wie wir eine einzige kirsche zusammen essen sollen
PierreBN:	kennst du nicht die kindergeburtstage ... mit einer salzstange ...
Hexenkuss:	klar, das waren die schönsten (aber so lange her) ...
PierreBN:	also ... eine kirsche ist eine gesüßte; stark verkürzte salzstange ... ODER ETWA NICHT?? ... sag, wohnst du in einem haus oder in einer wohnung?
Hexenkuss:	nur eine kleine wohnung, nur einen kleinen balkon ... wie gross bist du?
PierreBN:	189 ... und du...?
Hexenkuss:	ganz schön! mußt ja sicher manchmal den kopf einziehen? ich: 170 cm ... ungefähr genau ;-) ...
PierreBN:	nein ... nur zum kirschenessen,... zum gemeinsamen brauchen MANCHE eine leiter
Hexenkuss	welche augenfarbe, und was hast du an?
PierreBN:	habe braune augen ... trage ... jeans, janker, krawatte mit wildenten drauf ;-)
Hexenkuss:	ich habe blaue augen, lockere kleidung, nur im büro geht es nicht so, wie ich möchte ...
PierreBN:	hmmmm, jaja ... als softwaremensch hat man(n) ein wenig narrenfreiheit ...
Hexenkuss:	haben männer doch sowieso ;-) ... sind softwaremenschen komisch?
PierreBN:	nein, künstlerisch empfindlich vielleicht

Hexenkuss:	… schick mir doch mal ein foto …
PierreBN:	ja … mach ich … ich bekomme in den nächsten wochen einen scanner … dann schick ich es dir …
Hexenkuss:	auf welche art von frauen stehst du? … wohnst du bei deiner mutter? welche fehler <macken> hast du?
PierreBN:	auf intelligente … blonde … frauliche, nicht im fürchterlichen sinne emanzipierte, … und wenn sie dann noch kirschen mögen, das ist das paradies …
Hexenkuss:	schön, BINGO!
PierreBN:	LOL … bei meiner mutter? BEI MEINER MUTTER?? LOL, … nein … kannst du kirschenmichel backen?
Hexenkuss:	im paradies wäre ich auch gerne, … was sind um gotteswillen KIRSCHENMICHEL? …
PierreBN:	ein kirschenmichel ist ein wunderbarer kirschkuchen mit eischnee, etwas teig, schmeckt toll …
Hexenkuss:	backst du mir einen?
PierreBN:	die ernte wird nichts … vielleicht im nächsten jahr?
Hexenkuss:	immer diese vertröstungen … <smile> … wir werden beide immer älter!
PierreBN:	es gibt ihn nur mit frischen kirschen, … ach du … kochst du gern …?
Hexenkuss:	wenn wir jetzt noch auf die nächste ernte warten müssen, das ist ja ein horror <smile>
PierreBN:	LOL … ja … du hast recht
Hexenkuss:	ich koche schrecklich gern, bin krebs, … und du?
PierreBN:	ich auch … mußte es lernen, wäre sonst im busch verhungert … bin übrigens widder, aszendent krebs …
Hexenkuss:	ich aszendent waage … es versucht dauernd jemand, mich per telegramm anzupiepsen, peter
PierreBN:	<smile> na ja … eine hexe wird schon öfter mal angepiepst ;-)
Hexenkuss:	hoffentlich verlierst du mich nicht … hab doch nur die zehn stunden …
PierreBN:	warum kaufst du dir denn keinen eigenen PC?

Hexenkuss:	habe nicht das nötige kleingeld und … <smile> auch keinen geologen, der mich ernährt … ;-)
PierreBN:	hmmmm, … dann werden wir uns wohl doch verlieren … <schnief> … möchte ich nicht! darf ich denn mit dir flirten?
Hexenkuss:	na klar, du bist doch mein erster VOLLKONTAKT (im AOL) … und widder sollen tolle liebhaber sein, hab ich mir sagen lassen ;-))
PierreBN:	LOL … was ist denn ein VOLLKONTAKT …
Hexenkuss:	du und ich
PierreBN:	{{{(Gaby)}}}
Hexenkuss:	was heißt das? streicheleinheiten?
PierreBN:	eine herzliche begrüßungsumarmung …
Hexenkuss:	habe gar nichts gemerkt
PierreBN:	… oder auch knuddeln zum ersten VOLLKONTAKT … <smile> … bist du eifersüchtig … ?
Hexenkuss:	hmmmm, wenn's begründet ist …
PierreBN:	grundlose eifersucht ist was grauenvolles!!
Hexenkuss:	aber wir wollen ja auch nur kirschen essen!
PierreBN:	hast du kurze haare oder lange?
Hexemkuss:	… mittellang (blond), naturblond … bist du wirklich ein guter?
PierreBN:	meinst: liebhaber? … LOL … tja … was man(n) darunter wieder verstehen soll …;-)
Hexenkuss:	ich glaube, hier treffen sich auch viele «EIGENARTIGE» typen, stimmt's? …
PierreBN:	ist sicher nicht alles gut an mir
Hexenkuss:	was denn nicht?
PierreBN:	bin aber auch nicht eigenartig … ja … siehe mitgliedsräume, meine güte, da laufen manchmal chaoten rum … und mit kinderpornos handeln sie auch manchmal … hm … schlimm!
Hexenkuss:	trinkst du gerne wein, rauchst du?

PierreBN:	rauche nur manchmal pfeife … ganz gemütlich … trinke gern wein, esse gern …
Hexenkuss:	ich rauche UND trinke gerne wein, frankenwein! … mh ;-)
PierreBN:	ja ja, wir kommen zu deinen fehlern ;-)
Hexenkuss:	ich esse gern und bin nicht schlank, habe einige kilos zuviel, kriege ich aber sicher bis zur nächsten kirschernte hin ;-)
PierreBN:	ich mag mollige(??) frauen, etwas runde … da hat man(n) was in der hand ;-)
Hexenkuss:	echt?? dann esse ich jetzt sofort einen KEKS
PierreBN:	na … also bitte … guten appetit
Hexenkuss:	hast du einen schnäuzer?
PierreBN:	wirst schon sehen auf dem bild … <smile> … irgendwann, aber … ja ;-)
Hexenkuss:	ich mache gerade überstunden, schreibe sie aber nicht auf ;-)
PierreBN:	und flirtest mit wildfremden männern ;-)
Hexenkuss:	schickst du mir das foto per post? ich weiß nicht, wie ich das hier online sehen könnte, … du bist mir übrigens nicht mehr fremd!
PierreBN:	ich kann es auch schicken … irgendwann … aber gib niemals deine adresse hier raus … zu gefährlich! Ohhhhh
Hexenkuss:	hast sicher recht, aber DIR auch nicht?
PierreBN:	auch mir nicht … mach es einfach aus prinzip nicht! niemals!
Hexenkuss:	okay. du bist okay! aber verlieren wir uns dann? möchte ich nicht …
PierreBN:	nein … ich bin dauernd unter PierreBN hier angemeldet, wenn du mich erreichen willst … kannst du es immer … irgendwie
Hexenkuss:	wo ein wille …
PierreBN:	vielleicht wirst du doch mal einen PC zu hause haben … und irgendwann vergeß ich mich (!) und schick dir meine anschrift und mein foto ;-)
Hexenkuss:	ich hätte es gern, wenn du dich mal vergessen würdest ;-)
PierreBN:	was hast du an? hast sicher gleich feierabend?

Hexenkuss:	heute mal ein röckchen, kurz und ohne schlitz … ;-)
PierreBN:	aha … MIT wird nur zuhause getragen!?
Hexenkuss	bin heute bis fünf uhr im büro, obwohl ich seit stunden feierabend hätte, … ohje, was mache ich heute abend ohne dich? … LOL … nee, zu hause trage ich keinen rock ;-)
PierreBN:	ja … das ist es eben … du … hmmm … mußt eben doch einen eigenen rechner kaufen … ohhh wie nett, ach du … willst arme geologen veräppeln ;-)
Hexenkuss:	wenn du jetzt hier wärst …
PierreBN:	was würden wir dann tun, … knuddeln?
Hexenkuss:	wonach wäre dir denn?… JA, OHNE ENDE
PierreBN:	hmm, ohne ende, ja!
Hexenkuss:	puh, peter, ich muß raus, ausmachen, … tschüß …!
PierreBN:	schade, gerade wo es spannend wird :-((… bis ganz bald, meine liebe :-)))

Nachdem mein Chef mir ein schönes Wochenende gewünscht und das Institut verlassen hatte, schaltete ich schließlich auch meinen Rechner aus und fuhr nach Hause. Inzwischen waren zweieinhalb Stunden vergangen, seit die Kollegen um fünfzehn Uhr Feierabend gemacht hatten. Wo war die Zeit nur geblieben? Ich würde meinem Arbeitgeber die Telefonkosten erstatten. Schließlich wollte ich nicht auf seine Kosten flirten, das ginge ja nun doch zu weit.

Das Sonnendach meines Golfs quietschte laut beim Öffnen, aber Udo Jürgens' «*Ich weiß, was ich will…*» übertönte in voller Lautstärke selbst das altersschwache Aufmucken des Sonnendachs. Wenn mir ein Mann auf dieser Welt mal dieses Lied singen und es dann auch noch so meinen würde, den würde ich glatt heiraten. Meine Gedanken wanderten immer wieder nach Köln, zu diesem netten Peter. Wirklich ein sympathischer Mann.

Kurz vor der Ortseinfahrt Paderborn fiel mir plötzlich siedendheiß ein, daß wir weder Brot noch Aufschnitt für das Wochenende zu Hause hatten. Mein obligatorischer Freitagnachmittagseinkauf bei Aldi war heute dem Internet zum Opfer gefallen. Vorm Bäcker war natürlich wieder mal kein Parkplatz frei. Wie ich diese Parkplatzprobleme haßte, und dann immer am Wochenende! Also bog ich auf den kleinen Schotterplatz ein, der im allgemeinen als Geheimtip der Paderborner Bürger galt, da man ihn von der Straße her kaum wahrnehmen konnte. Glück gehabt.

«Sie wünschen? Was kann ich für Sie tun, junge Frau?…»

«Ähm,… nun, ich weiß nicht so recht,… «

«Sie interessieren sich für dieses Angebot hier? Da haben Sie eine gute Wahl getroffen. Rechner mit 1,2 GB, 24 MB, mit dazugehörigem Drucker und allem Schnickschnack wie Soundkarte und so weiter. Und das für sage und schreibe nur zweitausendachthundertneunundreißig Mark…»

Vermuckt, wie war ich nur in diesem Laden hier gelandet? Als sei ich plötzlich aufgewacht, begann ich zunächst den gutaussehenden Verkäufer und danach sein angepriesenes Sondermodell interessiert zu mustern.

«Zweitausendachthundertwieviel sagten Sie?…»

«Exakt Zeitausendachthundertundneunundreißigmark, junge Frau. Damit haben Sie aber alles, was Ihr Herz höher schlagen lässt. Sogar die Internet-Software ist dabei und selbstverständlich auch die Installation und Lieferung frei Haus…»

«Und wann könnten Sie liefern?»

Ich hatte viel zu wenig Ahnung von diesen Rechnern, als daß ich hätte sagen können, ob dies nun wirklich ein günstiges Angebot war oder ob der zugegeben sehr ehrlich aussehende Verkäufer, der mich hier am Wickel hatte, heute das Provisionsschnäppchen seines Lebens machte.

«Wäre Ihnen morgen vormittag recht?»

Ehe ich mich versah, saß ich in einem kleinen, stickigen Büro dieses Computershops und unterzeichnete einen Kaufvertrag, den der junge Mann gerade eben in Windeseile ausgefüllt hatte.

«Ist Ihnen eine Anzahlung von eintausend Mark möglich? Sie könnten den Rest dann in zwölf Monatsraten abbezahlen, wenn Sie es wünschen, dann…»

Diesen Vorschlag schickte mir der Himmel. Wo sollte ich denn auch Zweitausendachthundertneununddreißig Mark hernehmen? Völlige Utopie.

«Ja, gerne…» antwortete ich, während ich bereits in meiner Handtasche nach meiner Brieftasche wühlte, um einen Scheck über die eintausend Mark auszufüllen.

«Morgen früh um neun, sagten Sie?»

«Ja, selbstverständlich, überhaupt kein Problem. Unser Techniker wird Ihnen alles anschließen, installieren und auch eine kleine Einweisung vornehmen. Das ist alles im Service inbegriffen. Wenn Sie Fragen oder Probleme haben sollten, wenden Sie sich jederzeit an uns. Sie haben eine gute Wahl getroffen. Haben Sie vielen Dank und viel Spaß mit Ihrer Neuanschaffung, Sie werden viel Freude haben mit Ihrem Rechner…», lächelte er mir entgegen und hielt mir galant die Ladentür auf.

Der Bäcker sowie auch der Metzger hatten bereits geschlossen.

Die folgenden Tage beziehungsweise Abende standen unter dem Motto: *Ich lerne meinen Rechner kennen.* Meine Tochter war hellauf begeistert, hatte sie doch seit Jahren darauf gedrängt, daß wir uns endlich einen eigenen PC anschafften. Alle ihre Klassenkameradinnen in der Berufsschule hatten angeblich einen.

Neben dem Erlernen des neuen Betriebssystems «Windows 95» klickte ich mich natürlich immer wieder in AOL, um Neues zu entdecken, mich zu unterhalten, Kontakte aufzubauen und zu pflegen. Längst bekam und schrieb ich ellenlange E-Mails, tauschte Lebenserfahrungen aus mit dem einen oder anderen. Aber Peter hatte ich seit Freitag nicht mehr online gesehen.

Beeindruckende Begegnungen mit neuen Usern gab es nicht. Na ja, der eine oder andere versuchte mal, einen Hexenkuß zu bekommen, aber wie Peter schon sagte, die Absichten der meisten waren sofort klar erkennbar. Ich lernte jeden Tag in der Welt von Internet und AOL neue, faszinierende Anwendungsmöglichkeiten dazu. So gab es in dem Bereich «Treffpunkt»[*12] zahlreiche Online-Cafés, in denen man mit internationalem Publikum über Gott und die Welt reden konnte, oder aber im Bereich «Kiosk» konnte man Zeitungen online lesen, Statistiken abrufen oder auch Abonnements direkt bestellen. Im Bereich «Marktplatz» konnte ich die aktuellen Angebote erfahren und sogar Informationen über Beruf und Studium erhalten. Unter anderem wurden zu festgelegten Terminen auch «Live-Chats» mit bekannten Stars angeboten, die von den Usern dann interviewt werden konnten. Faszinierend!

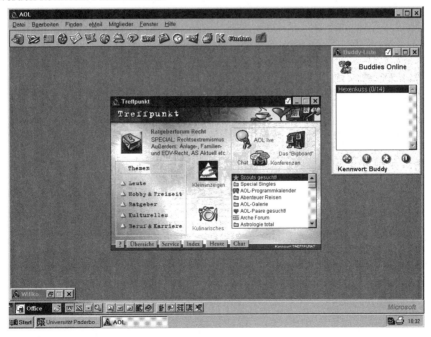

Meine zehn Gratisstunden von AOL waren längst verbraucht, und ich hatte mich entschlossen, weiterzumachen. So teuer würde es schon nicht werden, und schließlich wurde für die Online-Gebühr von sechs Mark in der Stunde ganz schön viel geboten. Jetzt aufzuhören und den Zugang in die große weite Welt wieder aufzugeben war einfach undenkbar!

Mittwochabend, zu Hause, 21.35 Uhr

PierreBN:	meine güte … wie freue ich mich, dich zu sehen … wo bist du denn, kleines? sag nicht, immer noch im büro? ist ja mitten in der nacht fast …
Hexenkuss:	PETER <freu> !! daß es dich noch gibt … du, ich bin zu hause … LOL …
PierreBN:	zu hause? sag nicht, neee, … echt? … du hast einen eigenen rechner???
Hexenkuss:	nun ja, wie soll ich sagen … plötzlich und unerwartet …
PierreBN:	du bist unglaublich … hast du dir … wann hast du ihn dir gekauft???
Hexenkuss:	ehrliche antwort? … letzten freitag … LOL … ich weiß auch nicht, kam ganz automatisch … LOL
PierreBN:	gut so … ich liebe deinen rechner ;-)
Hexenkuss:	… na ja, so langsam gewöhne ich mich an ihn … du, ich gehe inzwischen sofort nach feierabend daran, hochfahren das teil … herdplatten bleiben seitdem dafür aus ;-)
PierreBN:	ohh, ist das schön, es ist so erfrischend … so lebendig, mit dir zu reden, … nicht so … na ja … schon so gelangweilt, … durchgeplant, die nachtigall mit nagelschuhen kommt …
Hexenkuss:	der wein fängt schon an zu wirken, wir sind arme menschen, peter-schatz, … ich sage dir gleich dinge, die ich morgen nicht glaube, wenn ich sie lese
PierreBN:	arme menschen??? … heyy!!
Hexenkuss:	die nachtigall mit nagelschuhen? sorry, bin blond, bitte erklär
PierreBN:	laß DU es doch auch raus … na ja … also bei manchen merkt man die absicht und ist verstimmt …
Hexenkuss:	stimmt, die baggern richtig an, da blende ich auch immer aus, … es gibt so viele kranke
PierreBN:	also typisch amerikanisch, wirst du noch merken, ist: wanna-fuckyou … das ist der schlimmste fall …
Hexenkuss:	hatte schon ganz andere, widerlich … und ich bin doch erst seit freitag hier im netz …

PierreBN:	echt … im büro haben die dich angebaggert? LOL … ach du schande …
Hexenkuss:	du, ich habe doch nur das erste mal im büro … wollte doch nur mal sehen, was internet eigentlich ist und dieses AOL … deshalb habe ich doch einen eigenen rechner gekauft ;-)
PierreBN:	… und dann kam ich …
Hexenkuss:	vielleicht war ich gerade deshalb so froh, daß ich DICH hier fand …
PierreBN:	und dann wurde es noch komischer?
Hexenkuss:	nein, das ist schön mit dir, … echt … lieb, … na ja, schön eben …
PierreBN:	<smile> … ich umarme dich auf deinem sofa … oder wo immer du bist, … ich sitz hier blöd und zappelig auf meinem stuhl
Hexenkuss:	ich möchte so unsagbar gerne mit dir schmusen, und das ist nicht, weil ich auf ENTZUG bin, sondern …
PierreBN:	… sondern …?
Hexenkuss:	weil du die gleiche sprache sprichst … und mich total antörnst, und das ist nicht (nur) der frankenwein ;-)
PierreBN:	mir geht es, also ich wiederhole mich, du könntest hier sehen, wie du mich antörnst
Hexenkuss:	ich MÖCHTE es SPÜREN
PierreBN:	ich bin einfach zappelig wie ein schüler hm … wie soll ich es machen … das kann AOL noch nicht …
Hexenkuss:	bist du schüchtern? glaube ich nicht … ohhimmelhilf, wäre das nicht der gipfel der katastrophe, wenn AOL das auch noch könnte, was würde aus unserer welt? denk das mal zu ende, grausliger gedanke, … geradezu pervers!
PierreBN:	nein … schüchtern nicht … es ist auch neu für mich … bin seit ein paar wochen …
Hexenkuss:	seit ein paar wochen … was ?
PierreBN:	seit ein paar wochen hier im AOL … ohhh du hexe, möchte meinen kopf in deinem schoß vergraben … da, wo du sitzt jetzt … und du spielst in meinen (restlichen) haaren ;-)

Hexenkuss:	du hast deinen kopf schon da, ich spüre es doch, du mein süßer!
PierreBN:	du bist warm da … wunderschön, das zu spüren …
Hexenkuss:	du hast sicher gar keine haare mehr, oder? ohgott, ich bin heiß, merkst du's? verzeih …
PierreBN:	hey, … keine haare mehr ? … LOL … freche … ja, ich spürs … feucht ein wenig … heiß, … dein schoß kommt mir entgegen …
Hexenkuss:	ja, das ist jetzt doch der wein … LOL … ich glaube das hier nicht, … das ist ein traum
PierreBN:	<smile> … du bist sehr lieb … und frech
Hexenkuss:	ich bin gar nicht frech
PierreBN:	gaby … liebste …
Hexenkuss:	würde etwas geben … dich jetzt so nah zu erleben …
PierreBN:	… ich schaue hoch … und versuche in dein hemdchen zu schielen ;-)
Hexenkuss:	welches hemdchen? LOL … das liegt längst im sessel ;-) … du, ich wünsche mir manchmal, so ein paar tage nur mit einem mann so ununterbrochen und intensiv … na ja …
PierreBN:	wir würden … ohh, das wäre zu schön, jemanden wie dich im haus wohnen zu haben
Hexenkuss:	kannst du dir vorstellen, daß ich auch zu dieser gattung gehöre (als frau)? ich … hmm … mag berührungen … das hört man(n) sicher selten, aber soll ich es leugnen?
PierreBN:	wir würden uns im treppenhaus lange in die augen sehen … der blick würde …
Hexenkuss:	ich werde es nie verstehen, wie frau MIGRÄNE oder sowas vorschieben kann …
PierreBN:	richtig hängen bleiben …
Hexenkuss:	wo bitte würde dein blick hängenbleiben? ohgott, ich glaube, ich entwickle gerade gefühle für meinen rechner oder bist du es? … <smile>… hm, bist du noch da?? BEIDE HÄNDE auf die tastatur, mein lieber, … wo bist du? Hey! … was machst du? ist jemand an der tür?

PierreBN:	da bin ich wieder, war aus diesem mist-system rausgeflogen … sorry
Hexenkuss:	ich glaub', ich liebe meinen rechner echt!
PierreBN:	ach was, … du liebst dich und mich … meine worte … unseren roman, … <smile> … ich bin nicht der PC, ich bin peter
Hexenkuss:	ich denke, ich spüre deine hände, deine augen, DICH auf meinem busen … und peter? das KANN doch nicht sein!! …
PierreBN:	… ich mag den blick … an deinen beinen entlang, … in deinen rock … doch … es ist nicht der PC, der die worte schreibt
Hexenkuss:	welchen rock? LOL … hmm, gut, daß du mir das sagst, peter, dachte, ich drehe ab, dachte, es sei mein rechner, der mich hier so anmacht, angenehm anmacht … <smile>
PierreBN:	LOL … wir sitzen im sommer im straßencafe … und du hast einen rock an … ach, ich mag einfach diese kleinen momente …blicke … puhhhh … PUUHHH
Hexenkuss:	bist unter dem tisch am fummeln während ich spaghetti-eis esse und die augen verdrehe?
PierreBN:	… und du … ?
Hexenkuss:	und ich bin natürlich auch unterm tisch am fummeln ;-)
PierreBN:	hm, ja, … ich gehe mit einem fuß dein bein hoch … du bist frech
Hexenkuss:	und ob! LOL …
PierreBN:	mach doch … nur schmusen wollen wir, … vollschmusen … aber schmuse du zuerst …
Hexenkuss:	liebes, ich verschmuse dich, seitdem ich dich kenne ;-)
PierreBN:	magst du es auch … die kleinen dinge? der blick … und dann ein wenig mit den händen ;-)
Hexenkuss:	ist das nicht schlimm, daß wir hier sitzen und auf die tastatur hacken anstatt uns zu lieben? …
PierreBN:	berühren … schauen … ja, das stimmt … es ist ein erotischer roman … <smile> … liebste
Hexenkuss:	alles andere ist so unwichtig im leben! sorry, peter, muß jetzt aufhören, töchti kommt gleich heim … bis bald, mein liebster
PierreBN:	schaaaade, also gut, bis bald, meine liebe

An den folgenden Arbeitstagen machte ich seit langer Zeit endlich mal wieder pünktlich um 16.30 Uhr Feierabend.

«Irgend etwas stimmt doch mit dir nicht, Gaby, hast du einen neuen Freund?…» lächelte meine Kollegin mich neugierig an, während ich die Flügeltür zum Flur schon in der rechten Hand hielt.

«Einen? Ach Meggie…» lachte ich lauthals und verschwand beschwingt in den wohlverdienten Feierabend, ohne mich zu einem weiteren Kommentar hinreißen zu lassen. Ich arbeitete gern im Institut, ohne Zweifel! Aber im Moment hatte ich keine Zeit für Überstunden! Zu Hause wartete mein Rechner, mein Peter auf mich. Hoffentlich würde er heute wieder online sein!

23.11 Uhr / OnlineHost: *** Sie befinden sich im Privatraum «Sehnsucht»***

Hexenkuss:	wo bleibst du, mein kleiner? …
PierreBN:	sei lieb umarmt zur begrüßung {{{Gaby}}} ähm, … kleiner?
Hexenkuss:	du auch, soviel zeit muß sein ;-) wie war dein tag?? hast du mal an mich gedacht?
PierreBN:	du bist aber eine frau mit schnellen entschlüssen, … den PC meine ich …
Hexenkuss:	ja, spontan bin ich … und leichtsinnig und …
PierreBN:	ja, die ganze rückfahrt … bin in meine wohnung gestürmt und hab nach einer mail von dir geschaut … war ganz aufgeregt … wie immer
Hexenkuss:	wieso? ich lauf dir doch nicht weg!
PierreBN:	… weißt du … ich hol uns mal ein glas wein jetzt
Hexenkuss:	mmh, gut, PROST, mein liebster, … welche sorte?
PierreBN:	wart mal 'nen moment … ist ein kerner trocken
Hexenkuss:	ich hab frankenwein, ramstahler faberrebe, sehr trocken … LOL …
PierreBN:	pfalz … aber es war nur noch ein schluck drin, der rest ging gestern drauf :-((
Hexenkuss:	warum? sturztrunk? verliebt? oder damenbesuch? oder frust?
PierreBN:	einfach so, auf uns, war guter laune, jaaa … verliebt … darf ich dich in den arm nehmen?

Hexenkuss:	langsam, … wo bist du jetzt?
PierreBN:	an einem schreibtisch jetzt … die beine ausgestreckt … und träume …
Hexenkuss:	spatzi, nimm mich doch einfach in die arme!
PierreBN:	von händen, die mich von hinten umarmen, … ja, das mach ich mit dir!
Hexenkuss:	schatz, das ist kein traum, ich bin da, hautnah :-)
PierreBN:	du lehnst dich zurück und schnurrst … wie eine katze …
Hexenkuss:	du, ich schnurre nur ganz selten (bei ganz gewissen gelegenheiten), …hm, zu selten eigentlich ;-)
PierreBN:	was hast du an? duuuu, hast du julia ins bett geschickt?
Hexenkuss:	klar, meinst du, sie sitzt daneben? du weißt, ich trage nichts im haus, … na ja, ein hemdchen und ein höschen (klein)
PierreBN:	ach du, das ist doch zu kalt
Hexenkuss:	ich würde jetzt so gern mit dir zusammen sein, nein, … nicht kalt, du bist da <freu> … bist du im «echten» leben auch so ein gefühlsmensch? oder mehr MACHO?
PierreBN:	«klein» … ich liebe kleine höschen … hab selbst ein kleines nichts an, … bin ein gefühlsmensch … ja … man(n) kann es nur nicht so oft rauslassen wie man(n) möchte … nein, kein richtiger macho, aber erst recht kein softie …
Hexenkuss:	du kannst «ES» nicht so oft rauslassen? bei mir immer … <smile> …
PierreBN:	hey … du bist ein sehr erotischer mensch, ist das wahr?
Hexenkuss:	warte, ich mach mal eben die balkontür zu, der halbmond steht vor meinem balkon … und du (leider) nicht :-(
PierreBN:	ich mag es … wenn du so gehst … und ich dir zuschauen kann von hinten … <smile> …
Hexenkuss:	schatz, ich kam gar nicht bis zur balkontür, … du hast mich unterwegs aufs sofa geworfen ;-)
PierreBN:	weißt du, was ich jetzt schön fände, liebes? … ja genau … ich konnte es auch nicht länger aushalten … dieser ausblick …
Hexenkuss:	aber dafür sind wir schnell wieder hier

PierreBN:	dieser … eiblick … LOL LOL … meine natürlich: einblick
Hexenkuss:	du bist süß … LOL … eiblick gefiel mir auch ;-)
PierreBN:	hmm ich mag es, wenn du so verführerisch da liegst
Hexenkuss:	spatzl, ich hocke doch
PierreBN:	deine beine ausstreckst … und auf meine jeans schaust
Hexenkuss:	spürst du meine hände an dir? …
PierreBN:	ein bein hoch … an der rückenlehne
Hexenkuss:	du hast gar keine jeans mehr an
PierreBN:	… ohhh ja, ich … es macht mich warm, wärmer … dann schaust du auf etwas anderes …
Hexenkuss:	es fängt an, mir weh zu tun, daß du nicht da bist … auf ETWAS anderes? wie darf ich das denn verstehen? LOL
PierreBN:	in dem kleinen schwarzen dingsda … was ich trage, ja, … tut es, … mir auch
Hexenkuss:	string-tanga?
PierreBN:	dein blick zielt so knapp unter meinen bauchnabel … LOL … nein … so klein auch nicht
Hexenkuss:	hoffentlich ist es keine attrappe ;-)
PierreBN:	aber es ist knapp und spannt so schön … hey … duuu ;-)
Hexenkuss:	spatzl, lebst du ganz alleine dort? es spannt doch gar nichts mehr darüber!
PierreBN:	ALLEIN weiß ich, was mir spaß macht …
Hexenkuss:	klar, wer nicht von uns singles, aber es wäre doch ganz schön, wenn … oder nicht? hast du beide hände an der tastatur? du wirst so langsam …
PierreBN:	nein, nicht mehr immer beide hände ;-)
Hexenkuss:	peter, liebes, laß, sonst ist deine spannung gleich weg … du bist zu schnell, ich sage es ja
PierreBN:	doch duuu … klar aber … LOL … du, ich bin ausdauernd ;-)
Hexenkuss:	höre gerade «seven days and one week» und träume von uns … das ist so eine sinnliche musik «dabei» ;-) … wie ausdauernd?

PierreBN:	was für eine farbe trägst du gern ... wäsche ... weiß? schwarz? HMM, wie soll ich ausdauernd beschreiben ...
Hexenkuss:	hast du so etwas schon erlebt im AOL? die müßten glatt zehn MARK pro minute nehmen statt zehn pfennig bei so einem service, gell? ;-) farbe: rot, KNALLROT
PierreBN:	puhhh sehr sexy ... bist du auch blond an jener schönsten aller stellen
Hexenkuss:	klar, bin doch naturblond
PierreBN:	am bein entlang ... ganz sanft und ...
Hexenkuss:	liebes, du machst mich entsetzlich an, wie machst du das? ... spürst du meinen mund, meine lippen, meine küsse??
PierreBN:	hmm, ... ist dir das unangenehm? ich hab mindestens so eine phantasie wie du ... ja, ich spüre es, mein körper reagiert auf seine weise ... hier ...
Hexenkuss:	unangenehm kann ich ... neu, schön, komisch, aber... ich weiß noch nicht
PierreBN:	... ist es knallrot ... jetzt ... ?
Hexenkuss:	wie ich damit umgehen soll ...
PierreBN:	hmmm ... noch nie hab ich früher in worten so ausgedrückt, was ich meine, geschrieben ... was mich anmacht, was ich fühle ... das ist das neue ... es ist so wie lebende erotische literatur
Hexenkuss:	spatz, ich weiß nicht, ob ich das glauben soll, aber mir geht es genauso, DU bist total was ganz neues und ... ich frage mich, ob ich verrückt bin
PierreBN:	auch ich hab noch nie jemanden erlebt, der so lebendig hier war ...
Hexenkuss:	LEBENDIG ja, wollen wir das nicht sein?
PierreBN:	NEIN! ... doch, ... KLAR :-)
Hexenkuss:	na, dann täten wir es richtig und würden nicht nur davon schreiben ... und ... ach überhaupt ...
PierreBN:	wir werden es tun ... irgendwann ...
Hexenkuss:	meinst du wirklich? wir müssen, ja!

PierreBN:	wir werden! … duuu, spatz, nicht böse sein, aber … ich muß noch ein programm zu ende schreiben … habe einen terminauftrag …
Hexenkuss:	schade, … aber ich verstehe, … klar, ist auch besser so … meine güte, bin richtig heiß geworden …
PierreBN:	schlaf gut, liebste … träum etwas erotisches … schönes … heißes …
Hexenkuss:	ja, du auch … ich mag dich … :-XXX
PierreBN:	:-XXX … bis bald … meine liebste …

Genoß ich vor einigen Tagen oder Wochen noch das abendliche Räkeln auf meiner gemütlichen Couch, nachdem ich nach Feierabend die Wohnung in Ordnung gebracht und für meine Tochter gekocht hatte, so war nun meine erste Verrichtung zu Hause nicht etwa der Staubsaugerraubzug durch die Wohnung und auch nicht das Anheizen der Herdplatten, sondern das meiner Festplatte.

Morgens, abends und nach Möglichkeit noch während der Mittagspause im Büro ging ich «online» und genoß es, während meiner Streifzüge die internationalen Angebote von Versandhäusern und Universitäten kennenzulernen, in den entferntesten Museen dieser Welt Kunstausstellungen zu besuchen[*13], meine Kenntnisse in verschiedenen Online-Quizfragen zu testen[*14] oder auch in die diversen Foren zu schauen[*15], die es hier gab.

Das Rechtforum[*16] zum Beispiel, in dem man unverbindlich juristischen Rat einholen konnte und mit «echten» Rechtsanwälten sprechen konnte. Übrigens war mir bis dahin nie bekannt, daß Anwälte eine wunderbare Art von Humor zu haben scheinen. Englischer Humor irgendwie! Wie oft erlebte ich es, daß sie mir zunächst «trockene» und sachliche Antworten gaben, nach kurzer Zeit aber auftauten und sogar lachen konnten! Manchmal hatte ich den Eindruck, ich weckte den «Menschen» in ihnen. Es gab jede Menge guter Gespräche, auf die ich nicht mehr verzichten wollte.

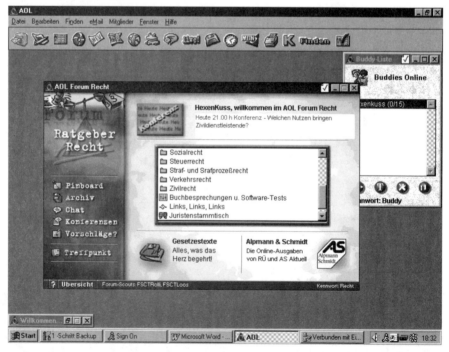

In jedem Forum gab es sogenannte Pinboards[*17], eine Art von «Schwarzem Brett», an dem man seine Fragen gezielt formulieren kann und wo jedermann die Möglichkeit hatte, dazu Stellung zu nehmen.

Dann gab es ein Finanzforum[*18], in dem unter anderem Tips über Aktienkurse gegeben wurden. Oder auch das Literaturforum[*19], in dem ich so viel über die alten Philosophen erfuhr und mich regelrecht in den alten Platon verliebte, der mich mit seiner Ideenlehre geradezu faszinierte und mich veranlaßte, immer mehr von ihm erfahren zu wollen. Sokrates, Aristoteles: Bisher waren das alles nur Namen für mich gewesen, doch durch die verschiedenen Konferenzen[*20], in denen sie zum Leben erweckt wurden, nahmen diese Philosophen konkrete Formen an. Es gab einfach kein Interessensgebiet, das hier im AOL nicht vertreten war und in dem der entsprechende User nicht ein Forum, eine Anlaufstelle für sein Hobby und seine Interessen fand. Regelmäßige Konferenzen mit vorgegebenen Themen wurden von ehrenamtlichen AOL-Mitarbeitern geleitet, und hier traf man Gleichgesinnte und lernte sich online kennen. Im Konferenzkalender konnte man sich einen genauen Überlick über die Konferenzangebote der jeweiligen Woche verschaffen.

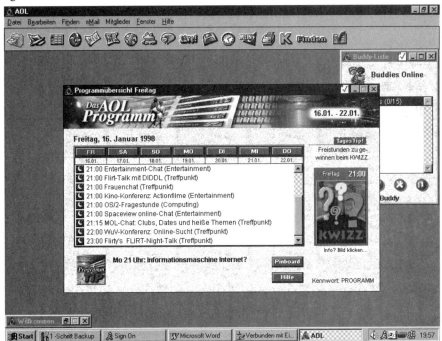

Aber der «prickelnde Kontakt» war dennoch von Anfang an meinem Peter vorbehalten. Telegramme anderer User, die immer wieder versuchten, mich anzubaggern, wehrte ich energisch und direkt ab.

Peter und ich kamen uns immer näher! Schon nach kurzer Zeit war er mir vertrauter, als kaum ein «realer Mann» je hätte sein können. Ich fragte mich, wie ich jemals zuvor ohne den Zugang zur «großen, weiten Welt» hatte leben können. Wie begrenzt war mein Horizont all die Jahre doch gewesen! Mein Leben begann, andere Perspektiven anzunehmen, ich wurde geradezu weltgewandt und war immer auf dem laufenden, nicht nur, wie das Wetter gerade in New York City war, sondern auch, welche Filme in Frankreich derzeit in den Kinos gezeigt wurden oder welches Amts- oder Landgericht gerade welches Urteil zu welchem Fall gefällt hatte[*21]. Unglaublich!

Am Wochenende war ich online im Museum der Bildenden Künste in München[*22] gewesen. Nicht nur, daß ich mich in einem Grundriß des Museums bewegte und so eine Orientierung hatte, als sei ich tatsächlich real dort, nein! Ich geriet sogar in eine Ausstellung, die von Studenten geleitet wird und Kunstwerke internationaler Künstler virtuell zeigt, die ausschließlich von Internet-Anwendern bewundert werden können. Kaum zu glauben, aber «real» stehen diese Kunstwerke gar nicht zur Verfügung! Jedes einzelne Bild konnte ich auf meinem Bildschirm vergrößern, mir Details und Kommentare dazu abrufen und Informationen über den Künstler erhalten.

Oh du wunderbarer Fortschritt, ich brauchte ja niemals mehr aus dem Haus zu gehen!

*** ONLINEHOST: *** Sie befinden sich im Privatraum «Sehnsucht»

PierreBN: liebste, ach ist das schön … ich hab so an dich gedacht … an unsere begegnung gestern, geträumt … machen wir weiter da? im café … wir sitzen uns gegenüber und ganz langsam gehe ich mit dem fuß unterm tisch hoch am knie vorbei

Hexenkuss: du bist angekommen ;-)

PierreBN: … am oberschenkel …

Hexenkuss: und ich knöpfe dir gerade die jeans auf und staune

PierreBN: und spüre … deinen schoß an meinem fuß

Hexenkuss: da ist das LEBEN, das ich so suchte

PierreBN: hm … was staunst du denn so … ohhh … ja … meine güte, was soll der kellner denken …

Hexenkuss: ich spüre dein herz (dort unten), deinen pulsschlag

PierreBN: nimm ihn … mach ihn verrückt … ja, man kann ihn spüren da … es pocht …

Hexenkuss: ICH HABE IHN LÄNGST; UND ER LEBT … duu? das ist besser als spaghetti-eis! LOL …

PierreBN: und wie … deine hand umfaßt ihn … sehr sanft und doch fest … LOL …ja … das stimmt, besser als jedes eis …

Hexenkuss: ich weiß, was ich will!

PierreBN: ich schau dir gerne unter den rock … ich fand es schon damals wahnsinnig aufregend, wo strümpfe aufhörten und die haut anfing …

Hexenkuss: magst du strapse?

PierreBN: JA … ich glaube schon … magst du dich selbst in strapsen sehen … oder ist das eher albern für dich?

Hexenkuss: wenn der richtige mann dabei ist, ja, … aber wer ist der richtige?

PierreBN: tjaja …

Hexenkuss: weißt du, albern finde ich nichts, wenn beide es wollen, … eben BEIDE

PierreBN: <--- … träumt

Hexenkuss:	wovon?
PierreBN:	na ja … versuch mir das gerade vorzustellen …
Hexenkuss:	wir sind eben nur «ONLINE»
PierreBN:	warum … muß es doch nicht …
Hexenkuss:	liebes? ich mag alles, wenn ich den mann mag … dich mag ich, … ist das irre?
PierreBN:	schön, ich mag dich hemmungslos, du hast mir einen vorgeschmack gegeben …
Hexenkuss:	ich mag keine tabus, wenn mein herz mitspielt … einen vorgeschmack worauf?
PierreBN:	nein … das ist nicht irre … das ist toll gaby … hat dich keiner gewarnt vor AOL?
Hexenkuss:	gibst du IHN mir mal? vor AOL … oder vor dir?
PierreBN:	vor AOL … und den männern … wen möchtest du jetzt? … ich will dich
Hexenkuss:	ich will DICH auch!
PierreBN:	ER will dich … sagt er mir … es ist in der jeans jetzt schrecklich eng geworden …
Hexenkuss:	hat ER einen namen? wenn ich dich treffen würde, ich würde mich vergessen und die welt um uns herum …
PierreBN:	… ich möchte deinen schoß küssen, den teddy … mach dich weit … zieh meinen kopf zu dir …
Hexenkuss:	leg doch endlich die jeans ab … ich will DICH und IHN ;-)
PierreBN:	<smile> … nun gut … du kannst beide haben … ER ist gerade besonders gut zu haben …
Hexenkuss:	BEIDE? hast du IHN gefragt? <smile> … ich HABE ihn schon ;-)
PierreBN:	hm, ja … DEN brauche ich nicht mehr zu fragen … der hat sich ungefragt eingemischt … seit unserem ALLERERSTEN gespräch …
Hexenkuss:	peter-schatz, ER fühlt sich bei mir so wohl … puhh, das bin ich hier alles nicht! bitte sprich mich nie drauf an, wenn wir uns mal sehen, … aber ER ist schuld, … und DU … und der wein … und AOL und überhaupt …

PierreBN:	worauf …?
Hexenkuss:	auf das hier
PierreBN:	natürlich spreche ich dich nicht drauf an, ich … falle über dich her … magst du deinen busen ? … ich mag sie, deine beiden süßen …
Hexenkuss:	diese beiden WILDEN?
PierreBN:	ich könnte stundenlang mit deinem teddy spielen … meiner zunge freien …
Hexenkuss:	sie nehmen IHN in die mangel
PierreBN:	lauf lassen … lang … und fest und warm … und zärtlich …
Hexenkuss:	liebes, wir müssen uns treffen, uns lieben, stundenlang, tagelang, wochenlang
PierreBN:	hast du zwei große oder eher niedliche brüste … ich mag beides
Hexenkuss:	wenn es nicht mein rechner ist, auf den ich heiß bin, dann kann es nur dieser peter sein … ;-))
PierreBN:	mag es, wenn sie ihn einklemmen, massieren
Hexenkuss:	zwei große, und du versinkst darin … hmm, nun ja, … ER versinkt darin, sie sind vorn wie mandelkerne …
PierreBN:	ohhhh wonne … mmh, schatten, berg und tal …
Hexenkuss:	DUU, dies ist hier nicht der NORMALFALL
PierreBN:	köstliche spitzen, rauhe kreise … zungenspiele
Hexenkuss:	peter, wo warst du nur so lange? …
PierreBN:	ochhh … in köln, australien, afrika puhh, liebste …
Hexenkuss:	EIN LITER wein ist gleich alle ;-) (oherrschaftszeiten) …
PierreBN:	ich mag dich sehr … :-) … deine art … diese zwei wunderbaren brüste … hm … weißt du, daß mir hier was bis zum hals steht?
Hexenkuss:	hm, was steht dir bis zum hals? ER?
PierreBN:	sozusagen JA
Hexenkuss:	das ist schön, … beruhigend ;-) liebling? ich nehme ihn mir noch mal vor, vielleicht schläfst du dann besser?

PierreBN: magst du ihn schmecken, liebes ? hmmm … ohhhh …

Hexenkuss: liebes, … jaaa … meine güte, laß das kein spiel sein …

PierreBN: ohhh sag es nicht, ich weiß es nicht … es ist kein spiel … kein schalter

Hexenkuss: nein, ein spiel ist es nicht, DAS ist kein spiel … aber ich muß jetzt, peter … nicht böse sein … bis morgen … ich muß mich ablenken …

PierreBN: ooochhh, … hm, na gut, … bis morgen, ich küsse dich an deine feuchte stelle … warm … und rauh … nun träum was feines … <smile> … gute nacht und bis bald … :-(

Nachts nutzte ich meine immer länger andauernden Schlafpausen nun, um die Gespräche mit Peter aufzuarbeiten und die neuen, seltsamen Erlebnisse, die ich an meinem grauen und äußerlich so unattraktiven Rechner hatte, zu verarbeiten. Statt den Kühlschrank nach eßbaren Tröstern zu durchsuchen, schaltete ich nun nachts den Computer ein und schrieb ellenlange E-Mails an Peter. Endlich hatte ich etwas gefunden, in dessen Innenleben nachts auch noch ein Licht brannte, und mein Kühlschrank wurde langsam uninteressant für mich. Mein Monitor ließ mich nicht im Stich.

Manchmal, wenn ich nachts ins Netz ging, um an Peter eine E-Mail abzuschicken, waren sogar morgens um halb vier noch einige meiner Internet-Bekannten online, so daß ich, seitdem ich den Rechner im Wohnzimmer stehen hatte, niemals mehr alleine war.

E-Mail an Peter:

Thema:	**traum ...**
Von:	**Hexenkuss**
An:	**PierreBN**

Na, gut geschlafen, mein Unglaublicher?

Ich träumte gerade: ...

es war an einem kühlen Abend im Herbst, schon dunkel, und wir fuhren zu einem alten, renovierungsbedürftigen Haus, ganz abseits gelegen, ... und stießen mit Gewalt die alte, riesengroße, morsche Tür auf, um es uns anzusehen, ob wir es für uns herrichten sollten ...

und malten uns aus, wo unser Spiegelzimmer sein würde, unser Kaminzimmer mit den dicken Teppichen, unsere überdimensionale Badewanne mit Massage-Whirlpool, unser Videoraum und unser Fitneßraum mit den Sprossen an der Wand und diesen Dingen ...

... als plötzlich die Lichter im Haus erloschen und wir einander suchten, überall, wir hatten keine Orientierung mehr, erschraken, irrten umher, gerieten in Angst und Panik, und ...

... plötzlich spürte ich deine Nähe, deine Hände, ... deinen Atem, deine Lust, ... deine Begierde, ... deinen Körper, ... ich spürte DICH, spürte, wie ich erschauderte vor Lust, mir eine Gänsehaut über meinen erregten Körper lief und sich mir alle Körperhaare hochstellten. Ich erzitterte und erbebte, als ich Genuß nahm und Genuß gab, ... spürte Feuchtigkeit auf meiner Haut, die ich nicht zu definieren wußte, gab dir ähnliche Feuchtigkeit und ließ dich erraten, was es sein würde ...

Es war ÜBERWÄLTIGEND.

Und ich erwachte, noch bevor wir uns von diesen Höllenqualen, die uns unsere Lust bereitete, befreien konnten ...

und ich hatte meine Hand bei «IHR» und dachte «OH NEIN! NICHT SCHON WIEDER ...»

… und ging, um mich abzubrausen, mich unter der Dusche zu räkeln und zu beruhigen, indem ich mich erneut erregte, ließ den harten Strahl der Massagebrause auf «SIE» einprasseln, bis es endlich ein wenig besser wurde, bis dieser Glanz, dieser ständige Glanz, seitdem ich dich kenne, aus meinen Augen verschwand …

… und zog meine dunkelblauen Dessous an, heute mit einem Spitzenhemdchen darüber, glänzend und blau, das wie «UNBEABSICHTIGT» <smile> oben aus der Bluse blinzelt, dezent eben, andeutend, und zog unter meinen kurzen, roten, engen Rock, meinen «Magic-Slimmy» an, dieses knallenge Spitzenunterröckchen, ganz knapp und keusch im Schritt geschlossen, seidig glatt und die Spitze an den Schenkeln hauteng anliegend, so daß der rote Rock schön fällt. LOL, na ja, fallen wird er im Büro wohl eher nicht?

Und wenn ich dies so schreibe, dann fällt mir ein, daß ich jetzt noch einmal zehn bis zwölf Minuten ins Bett gehen muß ;-) Diese Zeit gönne ich mir manchmal, wenn es mich überkommt. Zehn bis zwölf Minuten, Peter, das ist gerade das richtige Maß, … solange Du nicht bei mir bist ;-)

Ich wünsche Dir einen aufregenden Tag ;-)

:-xxx …

Deine «Erotomanische» <smile>

(so langsam glaube ich's auch)

PS: Für den Fall, daß Du mal hören willst, wie Hexen am Telefon küssen, gebe ich Dir hier jetzt entgegen aller Vernunft doch meine Nummer.

In der gleichen Nacht, fast zeitgleich, saß Peter am anderen Ende des Glasfaserkabels und schrieb:

Thema:	Schmetterlinge im Bauch
Von:	PierreBN
An:	Hexenkuss

Liebling ...

sorry ... für unseren Ausbruch an Leidenschaft ...

Schatz, ich mußte erst mal raus ... bin in die Stadt gegangen, einfach so, ziellos, nachts, hab einen Kaffee getrunken.

Alles liegt mir völlig fern, was Dir irgendwie weh tun könnte! Das einzige, was sicher weh tut, ist das Entfernte, na ja, daß Körper entfernt voneinander soooo reagieren aufeinander. Ich war, entschuldige, völlig im Rausch, als ich mich über Deine wunderbaren Mandelspitzen hermachte. Es war, als hätte ich die beiden ... üppigen, wunderschönen vor mir ... hier vor meinen Augen.

Vielleicht komme ich gleich vor der Arbeit nochmal kurz rein ins AOL, gegen sieben Uhr. Du? Sag mir, wenn ich etwas lassen oder verschwinden soll, ... ich respektiere alles, was Du möchtest ... ich bin sicher, daß Du es auch tust.

Ich habe Vertrauen zu Dir ...

Bis später

:-xxx {{{gabyundpeter}}}

P.S.: hmm, so sind es meine oder Deine Beine ()()

oder so (()) ... na ja, ...

also irgendwie bringst Du mich auf die unmöglichsten Gedanken, mein Schatz :-)

4.30 Uhr in der Früh

«Peter? Oh Gott, du? Du rufst an? Ich hätte es nicht geglaubt. Was …, wieviel Uhr ist es denn? Ohimmelhilf, bist du es wirklich? Mein Traummann aus dem grauen Kasten? Ich glaub's ja nicht, … oh Gott, hallo Peter …»

«Mmh, ich konnte nicht anders, Gaby, mußte einfach wissen, wie du klingst!»

Peter lachte: «… du hast eine wunderbare Stimme, Kleines! Sie klingt wahnsinnig erotisch und paßt so zu dir. Ich habe es nicht mehr ausgehalten. Komm, Liebling, leg dich aufs Sofa und entspann dich, ich bin bei dir, ganz nah, … ganz nah … «

Nun, seine Stimme klang nicht weniger erotisch, und ich trat heute meinen Dienst mit zwei Stunden Verspätung im Büro an, entschuldigte mich mit der Ausrede, verschlafen zu haben, aber ich mußte kein schlechtes Gewissen haben, ich hatte ja noch genug Überstunden, die schließlich auch irgendwann einmal abgebaut werden mußten.

Oh je, wenn meine Kollegen wüßten… Nein, sie würden es sowieso nicht glauben können. Aber: glaubte ich es denn?

Abends fand ich seine E-Mail:

Thema:	**Wunderbar**
Von:	**PierreBN**
An:	**Hexenkuss**

Gaby,

ich werd nicht Liebe, Liebste oder sonstwas schreiben. Du kennst mich und unseren heutigen frühen Morgen. Es gibt kein Wort, das vor Dir, vor Deinem Namen stehen sollte.

Ich sitze hier wieder vor meinem Computer, unten läuft der Kaffee, ich habe nur ein T-Shirt übergezogen und ER schaut nach Dir. Du hast ihm und mir in einer völlig neuen Art etwas gegeben, das ich noch nicht kannte. Jetzt geh ich Kaffee holen und beschreib Dir dann mein Erlebnis. Bitte warte ;-)

Das erste Mal

Sie wollte es, er wollte es mehr. Sie kokettierten. Sie, die schamhaft Errötende, er, der spaßig Neckende. Der Pakt war längst besiegelt. Es sollte geschehen hier, heute und jetzt.

Es war soweit, was an-, was ausziehen? Einfach so bleiben? Schnell, wo ist das Telefon? Ach, wieder unten. Hinunter, schnell. Und wieder hinauf. Hmm, Telefonhörer sind völlig unerotisch. Soll ich? Die Nummer ist gewählt, was sag ich nur. Gar nichts, besetzt. Besser so, Gottesurteil, laß ich es besser? Vielleicht hatte ich mich verwählt? Mit wem sollte sie um diese Zeit telefonieren? Oh Gott, es jetzt ganz sein lassen, undenkbar. Ruhig, oh ich armer Nichtraucher, jetzt könnte ich eine Zigarette gebrauchen, das wär genau die richtige Länge, keine Pfeife, das wäre viel zu gemütlich. Nochmals wählen, Freizeichen. Hilfe, das ist ja noch viel schlimmer als besetzt!

Oh, diese sanfte Stimme! Dieses mächtige Gefühl, das diese Stimme auslöst. Ich werde ruhiger, während sie spricht, spreche auch, erzähle dies und das. Das ist nicht der Grund des Anrufes, aber sie läßt mich erzählen, hilft mir, hinterfragt das eine oder andere. Hin und wieder endet eine Geschichte, eine Pause tritt ein, ist es jetzt soweit? Nein die nächste Story beginnt. Sie hilft wieder, hast du was zu trinken? Trink was mit mir. Oh ja, das ist gut. Nach fast einer Stunde ist es soweit, es soll geschehen.

Räume werden nicht beschrieben, nur Liegestätten. Er liegt auf einem breiten Futonbett, über der Decke. Jeans, Jeanshemd und Socken an. Ach, diese unerotischen Socken. Sie liegt auf einem Sofa. Ich stelle mir ein breites kuscheliges Sofa vor. Und, … sie hat nur ein knappes T-Shirt an.

Ich bin erregt, sehe diesen Körper auf dem Sofa liegen. Stelle mir vor, mich vor sie zu knien und mit dem Mund zu liebkosen. Aber halt, das ist ein Zweipersonenspiel, und es kommt anders.

Ich ziehe mich aus. Kein Männerstriptease, nein, das machen wir ein anderes Mal, nur einfach weg mit den Klamotten. Ich habe nur noch das Jeans-T-Shirt an. Die Lust ist beschrieben, sie ist in meinem Kopf und auch in ihrem. Es kann beginnen. Doch da, oh Graus, wie in einem Theaterstück, ihre Tochter kommt herein. Sie ist wohl aufgewacht von ihrer Stimme am frühen Morgen? Hat sie eine Decke? Was denkt die Tochter jetzt? Sie telefoniert weiter mit mir, bittet mich um Geduld. Ich kann nicht mehr liegen, renne im Zimmer herum, greife nach unten und erzähle ihr erotische Erinnerungen. Sie hört mir zu und spricht zu mir. Überraschter Sex, wie stark!

Die Tochter geht, geht wohl wieder zu Bett, es war ja auch viel zu früh zum Aufstehen. Es geht weiter. Ich lege mich wieder hin. Wir beginnen wieder. Ich erzähle, wie meine Beine liegen, sie, wie die ihren, gleich, nur spiegelverkehrt. Sie zieht das T-Shirt nach oben und zeigt mir ihre Brüste. Wunderschöne Brüste. Ich muß danach greifen, sie kneten, die Mandeln spüren. Sie braucht es, sie drängt, ich darf mich nicht aufhalten.

Knieend von hinten, ich weiß nicht mehr, aber ich dringe ein in die imaginäre Feuchtigkeit, spüre und erfahre die Lust. Ahhhh, dieser Körper, diese Haut, diese Brüste und dieses rhythmische Becken. Es spielt Stakkato auf meinem besten Freund. Immer heftiger. Sie will es haben, verlangt danach. Ich kann die Finger nicht an mir halten. Wahrscheinlich merkt sie es. Ist es noch zu früh? Nein, ich befühle sie, erfahre, erküsse sie. Ihr Gesicht, ihre Ohren, den Hals, die Schulter, den Arm entlang.

Ich soll eine Zungenspur ziehen und diese dann leicht beblasen. Ein schönes Spiel der Sinne. Ich probier's an meinem rechten Unterarm aus, guuut! Vergeß es aber zu erwähnen. Brüste! Brüste machen mich so an. Anatomische Wunder mit zwei wunderbaren Mandelkernen. Meine Zunge berührt die Spitze der rechten. Sie ist erregt. Ich umkreise den Hof, und meine linke Hand spielt mit der zweiten Brust. Ich bewege mich abwärts, will diesen Körper erfahren. Am Bauchnabel verweile ich, liebkose sie und schaue abwärts, schaue auf diese wunderbaren Beine und das Dazwischen. Leider weiß ich nicht, ob es ein süßes Dreieck, ein

Rechteck oder noch etwas Raffinierteres ist. Ich trau ihr alles zu. Ein wunderbarer weißer Fleck auf der Landkarte meiner Phantasie.

Das Ziel ist erreicht. Vor mir liegt eine halboffene Auster, feucht und glänzend. Meine Zunge beginnt ihr Spiel. Es riecht nach Frau, Mann, Sex. Sie stöhnt, als ich sie berühre. Sie hat IHN in den Mund genommen. Ich kann mich nicht mehr konzentrieren, zu heftig ist die Wirkung. Diese Frau weiß, wie man damit umgeht. Sie weiß, wie man Liebe macht, sie hat Kraft, Leidenschaft und den Urtrieb in sich.

Sie fordert den Höhepunkt verbal und mit ganzem Körpereinsatz. Oh, das treibt es nach vorne, ich hätte viel länger, aber jetzt, ich spüre es schon im Schaft. Ich will doch noch nicht. Sie spürt es, ich halte sie, liebkose sie, oh du süßer kleiner Tod. Ihr Stöhnen dringt laut an mein Ohr, sehr laut. Ich spüre ihre Feuchtigkeit. Es muß jetzt sein. Ich überschwemme sie.

Ich liebe dich,

Peter

PS: Das ist meine Art, danke zu sagen.

Drei Tage später:

Thema:	ernste gedanken …
Von:	Hexenkuss
An:	PierreBN

Lieber Schatz,

was würdest Du von einer Frau halten, die sich rettungslos in eine *Online*-Beziehung verliebt?

Ohne zu wissen, wer das da ist am anderen Ende, nur in dem Glauben, daß sie keinen FALSCHEN erwischt hat, daß das Gefühl sie nicht täuscht, dieser Mann sie nicht täuscht, und in einer großen Hoffnung? Sie hat sich zwar vorgenommen, wieder Vertrauen zu fassen in die Menschen, aber…

… so viele Jahre hat man(n) mit ihr gespielt, das kennt sie genau, und dann passiert es ihr in diesem Medium. Plötzlich und aus heiterem Himmel, eine nie dagewesene Liebe zu einem Mann, dessen Herz sie nur durch diese Leitung schlagen hört?

Was würdest Du von ihr halten, wenn sie sich mit diesem Mann einließe, ohne Zweifel, ohne Skepsis, was wäre das für eine Frau? Was wäre, wenn er vielleicht ein Spieler wäre, ein Zocker mit den Gefühlen anderer Menschen? Wenn er verheiratet wäre und Kinder hätte, die ihren Vater brauchen? Wenn er sie nur benutzen würde für seine Spielchen, als nette Ablenkung vielleicht?

Wenn er unter einem Pseudonym Hoffnungen in ihr weckt, ihr sagt, daß alles gut wird und Träume sich erfüllen werden? Da gibt es verschiedene Online-Bekanntschaften wie Ralf, Manni, Tom, Hubert, aber wer um alles in der Welt ist … dieser Peter? Ich weiß nicht mehr, was ich denken soll, glauben darf, das ist alles so verwirrend, vielleicht haben wir einfach alle nur eine schwere Zeit im Moment, eine schwierige Phase?

Ich glaube, ich bin sehr leichtsinnig, habe mich bei DIR ausschließlich auf mein GEFÜHL verlassen, und ich frage mich, ob ich mir das leisten kann in dieser Zeit? Vielleicht bin ich einfach nur der letzte noch nicht ausgestorbene Mensch, der ES noch nicht gelernt hat? Das Leben und den «Umgang mit Figuren» in einem *Online-Dienst?* Dann hätte derjenige, der mich benutzen und täuschen wollte, seinen Spaß gehabt, ohne Ende!

Du sagst mir weder Deinen Namen noch Deine Anschrift. Warum? UNÜBLICH?

Peter, ich will sagen: Ich vertraue Dir und darauf, daß ich nicht an IRGEND-EINEN Mann geraten bin. Ich weiß, sollte es dann doch so sein, dann ist das alles meine eigene Schuld, aber ich will einfach nicht glauben, daß alles nur Gerede und Einbildung ist. Ich hoffe es, ich will nichts anderes denken!

Wenn aber doch, dann will ich, wie immer Du dann heißen magst, nichts mehr von Dir hören, nie mehr, hoffe, einen Rest Gewissen in Dir zu wecken, daß Du das mit Menschen nicht machen darfst, die Dich liebhaben, die Dich wirklich von Herzen mögen.

Ach, Peter, hilf mir, bitte, ich bin einfach nur ein Mensch, der an Dich glaubt, der daran glaubt, daß es sie noch gibt, diese Welt, in der man die Gefühle anderer nicht ausschlachtet, nicht ausschlachten darf, aber denk ich das mal zu Ende, ... was wäre, WENN...?

Vielleicht bleibe ich heute ganz im Bett, mir wäre danach, und meinem Körper auch, und meinem Fieber, und meiner Grippe, und ... meinen Gefühlen, aber ... da gibt es noch ein Leben außerhalb von AOL, ich habe soviel zu tun im Büro. Morgen gehe ich auf jeden Fall wieder arbeiten, ... bin kein Typ fürs Kranksein, aber Lust habe ich nicht. Zu nichts mehr.

Ich halte an meinem Glauben fest, den Du mir wieder gegeben hast, halte Deine Hand und riskiere damit viel.

Sag mir, wenn es ein Spiel war. Ich müßte es auch akzeptieren! ABER DANN NUR BIS HIERHIN! Dann hätten wir bis hierher wunderschöne Träume gehabt, zugegeben :-).

Neulich sagte mir ein anderer Mann hier, die Träume, ja, die würde ihm dann wenigstens keiner mehr nehmen können. Tja, wohl wahr, aber wie verzweifelt klingt das auch.

Und solltest Du, oder nein, nicht DU, sondern dieser Mr. X am anderen Ende ein Spiel treiben, könnte ich Dir eher leid tun, als daß Du es belächeln oder ausnutzen solltest. Genauso tätest Du mir aber in diesem Falle leid. Dann treib es nicht auf die Spitze, ich würde da nicht mit fertigwerden, sorry, bin nicht so cool. Ich liebe Dich, so blöd das auch klingt vielleicht für eine Person, die das alles nicht so gemeint haben könnte, der ich als «lebendiger Mensch» ganz egal wäre?

Ich wünschte einfach nur, daß ein «DU» oder ein «WIR» keine Utopie ist!

Ich würde es Dir wirklich nicht übelnehmen, wenn ich nur eine ABWECHSLUNG für Dich gewesen wäre, ein «SCHAUEN halt, wie weit man(n) mit den Frauen hier so gehen kann». Dann ist es Dir eben aus der Hand geglitten, weil Du's nicht ahnen konntest, dann hast Du Deine Erfahrungen gemacht mit diesen Frauen hier, dann hätte ich eben als blonder «Newcomer» das Online-Spiel noch nicht gekannt, aber ...

... würdest Du dann weitermachen jetzt, wär's nicht mehr komisch, sondern ernst und bitter. Also laß mich bitte nicht mit meinem Herzen reinrennen in «etwas», in einen Spaß von der anderen Seite, den ich vielleicht nicht verstehe.

Humor ist in meinen Augen etwas anderes, hier würdest Du mit einem Gefühlsspiel etwas Schlimmes anrichten, das solltest Du wissen ...

Und PETER, Liebes? Das hat alles nichts damit zu tun, daß ich mir meiner Gefühle für Dich nicht mehr im klaren wäre, ich habe nur plötzlich eine irre Angst, daß ich jemanden liebhabe, der mit mir hier Schindluder treiben könnte. Gefühlsmäßig halt, der seinen Spaß mit mir hat, solange er Lust dazu hat, Lust auf mich, oder nein, auf das, was ich hier für ihn bin, und ich bitte Dich um Verzeihung für meine Zweifel, wenn sie nicht berechtigt sind.

Mein Töchti hat eine unheimliche Wut auf mich, weil ich plötzlich so anders bin, keine Zeit mehr für sie habe, auch weil ich ständig vor dem Rechner hocke und den Haushalt vernachlässige. Sie meint, ich liebe ein «PHANTOM», und gestern hat es richtig gefunkt hier, wir haben uns schrecklich gezankt. Das war noch nie da! Wir haben immer ein so tolles Verhältnis zueinander gehabt. Sie verließ gestern wutentbrannt die Wohnung, um in der Telefonzelle mit ihrem «Schatz» zu reden und sich über mich zu beklagen.

Nun ja, das am Rande. FALLS DU also nicht der Peter bist, der Du vorgibst zu sein, will ich es Dir nicht schwerer machen als unbedingt nötig, dann ändere Deinen Namen im AOL, und ich werde nichts mehr von Dir hören. Ich weiß dann Bescheid. In diesem Fall wünsche ich Dir, daß DU glücklich wirst, richtig glücklich und es irgendwann nicht mehr nötig hast, dieses Spiel zu spielen. Mit Gefühlen anderer Menschen sollte man das niemals tun! Geliebt hätte ich Dich oder diesen Schreiber dort am anderen Ende deswegen trotzdem. IRGENDEIN MENSCH, der sich zumindest so gibt wie dieser Peter aus Köln, der diese Einstellung und diese Wellenlänge und Herzlichkeit hat, m u ß da ja nun mal am anderen Ende dieser Leitung sitzen, und vorsichtig ausgedrückt, wäre dieser Mensch der, den ich immer gesucht habe und für den meine Empfindungen, aus denen ich diesem PETER gegenüber keinen Hehl gemacht habe, echt sind.

Sollte ich DIR als Mensch auch jemals nur das geringste bedeutet haben, keine Schachfigur gewesen sein, dann wirst Du meine Zweifel verstehen.

Es ist an der Zeit, wo ich von Dir wissen will, wer Du bist, will mich mit Dir treffen, Dich sehen. So daß ich dann weiß, ob Du derjenige bist, aus Fleisch und Blut, dem ich hier vertraue und den ich so unerklärlich gerne mag.

Bis bald, … :-xxx gaby

PS: Seltsam auch, daß die Telefonauskunft unter Deinem angeblichen Firmennamen keinen Eintrag fand, aber auch dafür gibt es ja (vielleicht und h o f f e n t l i c h) eine Erklärung? Ich wollte einfach nur hören, ob es Dich gibt, ob die Telekom mir das wenigstens bestätigen kann, schlimm? Kleingläubig oder leichtgläubig??

Thema:	**schnell …**
Von:	**PierreBN**
An:	**Hexenkuss**

eben noch Gute Nacht … meine ferne Geliebte … (wie dramatisch sich das anhört)

Ich könnte stundenlang weiterlesen in Deinen Briefen … seitenlangen … es ist, als ob bei Dir eine Schleuse aufgegangen ist, … ich liebe Dich !!!

:-xxx Peter

PS: Es gibt mich wirklich, mach Dir keine Sorgen!

Längst schon war es zur Gewohnheit geworden, daß ich morgens meine Schminkutensilien auf dem Schreitisch im Wohnzimmer verteilte, um so zwischen Lidstrich und Wimpertusche online sein zu können, um nach Post zu sehen und zu checken, ob schon Bekannte dort waren. Bereits bevor ich in die Dusche ging, drückte ich allmorgendlich den dicken, eckigen Knopf, um meinen Rechner endlich wieder hochzufahren. Das Einschalten der Kaffeemaschine folgte erst danach, und erst, wenn das wohlbekannte «Willkommen» aus meinem Rechner ertönte, war ich richtig wach. Was waren die vielen Morgen der Vergangenheit sinnlos gewesen!

«Sie haben Post ...»

Tja, morgens um sechs war die Welt eben noch in Ordnung. Peter hatte geschrieben, wünschte aber nur einen schönen Tag. Na ja, besser als nichts.

Telegramm:

Soonsawa:	auch wenn du es nicht glaubst, ich will gleich baden ... guten morgen, liebe gaby ... sitze leider schon wieder im bademantel hier ... LOL
Hexenkuss:	lol, ach manni, hör doch auf, mich immer anzumachen ... ;-))) es ist früh am morgen
Soonsawa:	morgens kann ich besonders gut!
Hexenkuss:	du, ich kann mich nicht konzentrieren, mach bitte den bademantel zu ... ja?
Soonsawa:	ja aber dann ...
Hexenkuss:	sitze gerade auch «blank» vor dir (fast) und schminke mich, muß sein, ... <smile> ... was ja dann?
Soonsawa:	was haste noch an?
Hexenkuss:	schwarzen slip und schwarze strumpfhose ... LOL ... und nicht «noch», sondern schon ... ;-)
Soonsawa:	oh gott, herrlich ... hast aber nicht von mir geträumt?
Hexenkuss:	... gut, daß du nicht mein nachbar bist ... nein, nicht von dir, sonst hätte ich ja ...
Soonsawa:	warum?
Hexenkuss:	ANDERS ... geschrien ... <smile>

Soonsawa: na gib mir keine vorschußlorbeeren

Hexenkuss: warum? ... na, dann säße ich hier nicht ... LOL ...»VOR-SCHUSS? ... ich träume wohl immer noch ... LOL ... manni? du, ich hatte einen AOL-alptraum ... furchtbar ...

Soonsawa: tz, tz, was kennst du nur für leute? ;-)

Hexenkuss: träumte, mein peter hätte mir einen abschiedsbrief gemailt, aber ach laß, ist ja auch nur ein traum gewesen ... LOL ... manni, ... leute wie dich und mich ... <smile>

Soonsawa: du kennst ihn nur übers system?

Hexenkuss: klar ... seit drei monaten, nee, dreieinhalb ... und habe mich so verliebt wie NOCH NIEMALS zuvor ...

Soonsawa: und schon mal telefoniert?

Hexenkuss: ganz schön krank, ne? na ja, ähm, kurz ... neulich ... briefe, e-mails, beschreibungen, ... aber noch nie gesehen

Soonsawa: das gibt's doch gar nicht, ... du bist doch wie eine fünfzehnjährige ;-)

Hexenkuss: ich weiß, ...:-))

Soonsawa: ich kenne hier zwei damen deines alters aus amerika, mit denen bin ich auch in verbindung ... LOL ... die sind auch scharf auf mich ...

Hexenkuss: in VERBINDUNG? richtig? was heißt «auch»?

Soonsawa: ich glaube, die sind auch verliebt

Hexenkuss: hey! ... AUCH ? ... LOL, komm wieder runter! du schlimmer ...

Soonsawa: die sind am telefon scharf wie ein rasiermesser, wenn deren männer wüßten, wie gut ihre frauen sind, aber die merken es nicht ...

Hexenkuss: hmm, wir frauen sind wohl alle etwas «daneben» ?

Soonsawa: ach woher, ist mal ne abwechslung, jedenfalls für mich ... ach gaby, ist doch spaß, ... ich habe doch die bruni ... meine liebe ... ich erzähle es dir später mal ... aber hier am compi ... mit den ANDEREN, das ist 'ne abwechslung, 'ne erfahrung halt ...

Hexenkuss: wie heißt deine frau?

Soonsawa: denise

Hexenkuss:	hm, und wer ist diese bruni? … moment, … lidstrich eben …
Soonsawa:	aber weißt du, es gibt bruni und die würde ich nie betrügen … sie weiß, daß ich hier mit anderen frauen rede, sagt aber, daß dies nicht ein dauerzustand sein darf … woher wir uns kennen? ach gaby … ich erzähle es dir ein anderes mal, ja? … später …
Hexenkuss:	DA HAT SIE RECHT … betrüge sie auch nicht, manni, … das bringt nichts …
Soonsawa:	ja, manchmal erzähle ich bruni von dir, sie hat gesagt, 'ne ganz schön große klappe haste … LOL …
Hexenkuss:	hey, hast du etwa auch von meinen bademantelsprüchen neulich gesprochen??
Soonsawa:	ja auch, na und?
Hexenkuss:	das ist mir aber peinlich <errötend> manche steigern sich da in was hinein, … ja ja, ich werde vorsichtiger sein mit meiner großen klappe,… sorry …
Soonsawa:	na da brauchste bei mir keine sorgen haben, … nein bleib so
Hexenkuss:	… war ja auch alles nur spaß, manni, das weißt du … ein flirt ;-)
Soonsawa:	das weiß ich und bruni auch, sie ist nämlich auch nicht auf den mund gefallen … und das brauche ich auch
Hexenkuss:	okay…
Soonsawa:	es macht spaß so
Hexenkuss:	wem, uns? dir und ihr???
Soonsawa:	oh, da kommt sie gerade online … kleines, moment, ich muß sie nun erst küssen ;-) … bis bald, pfiat di :-)
Hexenkuss:	ja, viel spaß, und bis dann mal… grüß bruni, freut mich, daß du mir von ihr erzählt hast, … beneide euch ;-) … DAS dauert mir nun doch zu lange… viel spaß … <smile> … bis dann
Soonsawa:	pfiat di, gaby
Hexenkuss:	ciao, manni

Nachts … 2.30 Uhr

PierreBN: das ist ja eine überraschung, … kannst du auch nicht schlafen …hmm :-)))

Hexenkuss: oh gottt … dich zu sehen :-)

PierreBN: du schlimme … was machst du denn hier um diese zeit? …

Hexenkuss: war gerade im e-mail, wollte an dich schreiben, und jetzt … ich habe mich gerade so gefreut, deinen namen in der buddy-list zu sehen ;-) … konnte nicht schlafen … ich bin verrückt nach dir … hör auf damit

PierreBN: ich auch … ich kann es nicht verhindern … daß ER … dich auch vermißt, obwohl ich IHM alles erklärt habe … <smile> …

Hexenkuss: und ich bin soo froh, ach, mausi :-X

PierreBN: … ich mußte noch arbeiten bis eben

Hexenkuss: oh, mitten in der nacht, … du armer … hm … peter?

PierreBN: es geht … dies hier mit uns … es ist doch … seelisch belastender als ich mir vorgestellt hatte … ja … ?

Hexenkuss: ja

PierreBN: ja, mir geht's auch so … {{{GP}}}

Hexenkuss: sag, wie ich das abstellen kann … <smile>

PierreBN: mensch, du mußt doch arbeiten morgen … ähh,… heute, gleich! … sitzt du da im nachthemd … LOL?

Hexenkuss: arbeiten, gibt es unwichtigeres? LOL … NEIN … bin doch zu HAUSE … ich bin's, liebes, ich, deine verrückte, unbekleidete

PierreBN: hmm … aber ich dachte, du mußt so früh aufstehen … aha ;-) … rot, blau oder was?

Hexenkuss: die nachts hier sitzt und nach post von dir schaut, wenn das …

PierreBN: ja … es ist nicht gut … (du wirst mich noch verfluchen …)

Hexenkuss: duuuuuu? … ich freue mich so …

PierreBN: ich mich auch

Hexenkuss: warum verfluchen … <grübel>?

PierreBN:	müde augen, unkonzentrierte arbeit … rüffel vom chef …
Hexenkuss:	ach ne, mein chef ist ganz in ordnung, ich glaub', … der könnte das auch verstehen … <smile> … und meine arbeit leidet nicht unter uns … peter, da paß ich schon auf … nimm mich in deine arme, bitte <smile> …
PierreBN:	((((((((()()))))))))
Hexenkuss:	LOL jaaa ;-) liebes, … bist du müde?
PierreBN:	in die arme … und knabbere an deinen ohren …
Hexenkuss:	erkennt ER mich wieder?
PierreBN:	Ja, deine hände, deinen busen … SIE … <smile> … ER ist sehr lebendig …
Hexenkuss:	ohhh … DARF ICH DIR HELFEN? … auf dem SOFA im büro …??
PierreBN:	ohhh … das ist auch für dich sicher was neues … LOL … freche … welche farbe hat dein slip heute?
Hexenkuss:	… zartrosa
PierreBN:	hab eine weiche, weiche trainingshose an … sporthose … lang
Hexenkuss:	ich liebe alles neue … schöne … jogginghose? weich? … lang?
PierreBN:	ist schön bequem zum arbeiten und wenn ich bei dir bin … <smile> …
Hexenkuss:	magst du mich noch? hmm, ich würde jetzt so gerne …
PierreBN:	… und läßt IHM luft ;-)
Hexenkuss:	deine hose streicheln :-X … ich lieb dich sehr … das weißt du … jaaaa, ich fühle IHN … sag, WOFÜR … du schlimmer <grins> … brauchst DU, braucht ER LUFT im BÜRO??
PierreBN:	nein … bin nicht im büro
Hexenkuss:	ach so :-(
PierreBN:	ach gaby … gehst du nie mal mit freunden aus, oder ist das schwer in paderborn?
Hexenkuss:	… doch, … immer wieder mal, aber eigentlich ist hier lokalmäßig tote HOSE

PierreBN: ja … ich glaub das, eben kleinstadt

Hexenkuss: bist du sauer auf mich? weil ich die adresse und deinen namen rausgekriegt habe?

PierreBN: also, ehrlich jetzt mal, ein bißchen schon!! sowas hat noch niemand versucht … einfach das gewerbeamt anrufen und den armen beamten reinlegen … tz, tz … und so …

Hexenkuss: LOL … habe gesagt, ich hätte den namen des inhabers dieser firma einfach verlegt … und ich müsse den doch so dringend erreichen … LOL … na ja, gemischt mit einem erotischen unterton in der stimme … die kölner beamten sind nett ;-)) … DU hättest mir deinen namen, anschrift nicht gesagt? … NIE?

PierreBN: du liebst mich WIRKLICH??? … aber Gaby, natürlich :-)

Hexenkuss: JA, DAS IST WOHL WAHR … und du? liebst du mich nicht so ganz wirklich?

PierreBN: hmm, also … ein wenig muß ich mich noch immer an diese tatsache gewöhnen, daß ich dich liebe … aber es ist wohl so …

Hexenkuss: ein bißchen … vielleicht?

PierreBN: doch … sehr! … aber ich habe die geschiedene ehe noch nicht verkraftet … das gefühl ist sehr neu … und dann gibt es da noch eine frau in der schweiz … sie … ach gaby, ich hätte es dir sagen sollen … längst … sie hat es auch nicht leicht gehabt …

Hexenkuss: ich verstehe …

PierreBN: mit dir, das ist ungewohnt … manchmal sträube ich mich dagegen …

Hexenkuss: weiß wohl, … mein peter, … weiß wohl

PierreBN: bin verwirrt … deshalb die zeit, die ich nötig habe …

Hexenkuss: ja, VERWIRRT … MONATE, JAHRE, jaja … :-(… ich weiß, nimm dir die zeit :-((

PierreBN: was sagst du? … du kennst das alles, ja? jahre? … NEIN! möchte keine jahre mehr opfern … habe auch träume …

Hexenkuss: opfern? wem? dir, dem leben, ihr oder mir?

PierreBN: nun ja, in einer FALSCHEN beziehung …

Hexenkuss:	ich weiß, … ich weiß, … mir sagte schon mal einer, er sei noch nicht so weit, … sei nicht gefestigt, … wisse nicht, was er wolle, … zeit müsse er halt haben … zeit!
PierreBN:	ohhh … ach du gute güte … ach du lieber mein vater … ;-)
Hexenkuss:	du lachst, du schuft????
PierreBN:	… bang wird mir ums herz … gaby, nur die ruhe … manchmal gönnst du dir keine RUHE … ZEIT …
Hexenkuss:	sorry … na ja, ich will eben auch keine zeit mehr opfern, … kannst du das denn nicht verstehen? du sprichst von UNS, von «unserem weg» …
PierreBN:	ach gaby … es ist … ich könnte stundenlang … mit dir … laß dich in meine arme nehmen … fest, … eng, sehr eng
Hexenkuss:	DU bist es doch, dieser unersättliche, wilde, dieser herrlich verschmuste, erotische
PierreBN:	psst, schau, … ER ist ganz aufrecht und wartet auf SIE … und ich hab nen roten kopf …
Hexenkuss:	wunderbare, schwingungen rüberbringende … ach peter … ich spüre DICH … sag, liebst du sie? … sags ehrlich!
PierreBN:	lieben? … ach du …
Hexenkuss:	… hm? … ich denke immer …
PierreBN:	… ich würde gerne deinen slip … mach sie doch ein wenig auseinander … die beine … ein wenig nur … um mich zu ärgern … LOL
Hexenkuss:	DU willst mich verführen? <smile> … schon wieder? und mitten in der nacht?
PierreBN:	ER quält …
Hexenkuss:	und ich soll den anweisungen eines monitors folgen?? … <smile> … ja, SIE quält auch … ich lasse sie mir wegnehmen, wenn das mit uns so weitergeht … <smile>
PierreBN:	würde dich gern von hinten jetzt … so schön den nacken ein wenig massieren …
Hexenkuss:	jajaja, … wer weiß, ob du so zärtlich in ECHT zu mir bist wie hier … hmmmmmm

PierreBN:	hm, … also du, … ich würde gern mal fühlen … was eine frau empfindet … wenn sie erregt ist … kannst du es mal ermöglichen …?
Hexenkuss:	WARUM … peter … fühlst DU es nicht? hey, wie denn? auch durch den monitor? ich entspanne mich langsam … aber ich muß jetzt raus … verzeih …
PierreBN:	was soll ich DAZU sagen, also wirklich gaby
Hexenkuss:	sag: «JA BIN ICH!!» <smile> sag: JA, ICH MAG DICH ;-) … also, bis bald, mein peter :-)
PierreBN:	JA BIN ICH … ich zeige es dir … irgendwann … ja, … bis bald … ich denke an dich …:-XXX

Thema:	ohgoootttt
Von:	Hexenkuss
An:	PierreBN

Peter, Liebster ...

Was, um alles in der Welt geschieht nur mit uns?

Schmetterlinge im Bauch, Taumeln vor Glück, auf Wolke Sieben schweben, Grummeln im Magen, rasendes Herzklopfen, völlig kopflos sein ...

... das alles stimmt nicht, ist viel zu wenig! DIESES Gefühl ist mehr, anders, intensiver, neu, nicht mit Worten auszudrücken! Geht es Dir ähnlich? WAS, mein Lieber, ist «DAS»?

Manchmal sitze ich im Auto, drehe die Musik (meist meinen Udo) bis hintenhin auf, wünschte, die Gedanken und Träume würden aus meinem Kopf verschwinden für eine kleine Weile! Aber es will mir nicht gelingen. Es ist, als säßest Du in jeder Faser meines Körpers, hättest Besitz ergriffen von ihm, von mir, von meinem Herzen, meiner Seele :-))

Und dann diese Vorstellung, an einem Herbstnachmittag mit Dir gemeinsam abzuschalten, einen Spaziergang zu machen, vielleicht mit unseren Hunden, durch das raschelnde Laub, übermütig, schmusend, endlich mal lebendig, nur redend, wenn uns beiden danach ist, sonst schweigend und genießend, und um dieses Glück wissend, daß der andere an seiner Seite ist.

Ich kann mich an der Natur so schrecklich erfreuen, diesem bunten Laub, dieser Wandlung in den verschiedenen Jahreszeiten, diesem zarten Aufknospen im Frühling und dem Zubettgehen im Herbst, der Blütenpracht, diesen wunderbaren Sternen und dem Mond am Himmel an einem klaren, kühlen Herbstabend! Hast Du je diesen hellen, funkelnden, ins Auge springenden Stern gesehen, der immer ganz nah bei dem Mond steht, als sei er angeseilt, der heller ist als alle anderen Sterne? Weißt Du, wie er heißt? Niemand konnte es mir je sagen :-(

Ich denke manchmal, viel zu oft, Du schaust dann auch gerade hoch, staunst und lächelst und weißt, daß gerade in diesem Augenblick auch meine Augen das gleiche Wunder sehen. Du dort, ich hier, und wir beide wissen, daß wir so doch zusammen sind. Dann lächle ich und fühle mich geborgen an Deiner Seite :-)

Ach, Peter, ich könnte schreiben hier ohne Ende, ich muß es rauslassen, sonst komme ich nicht klar damit, und selbst mein Hund, der mich immer verstanden hat, ist mit unserer Liebe nun doch überfordert. Er schüttelt verständnislos seine langen Ohren und fragt sich, wann Frauchen endlich wieder die alte wird, aber, Peter, das weiß ich genau, DIE WERDE ICH NIE MEHR WERDEN!

Ich wünsche mir, daß Dein Tag nicht ganz so grau war. Wie gern würde ich Dir etwas Last abnehmen, Dich zum Lachen bringen, zum Vergessen, zum Aufatmen und zum Mut schöpfen. Sag mir, was ich tun kann!

Solange Du diesen Mut nicht hast, Dich auch mal anzulehnen an mir, auszuruhen, solange werde ich versuchen, Dir aus der Ferne ein Mensch zu sein, eine Seele, die einfach nur da ist, ein Mensch, der Dir stumm die Hand reicht und die Schulter.

Schau nach vorn und nicht immer nur zurück,

… ich bin bei Dir und drücke Dich ganz lieb …

:-xxx *Gaby*

Abends nach einer Online-Fragestunde mit einem Rechtsanwalt und Notar im Forum Recht, an der Manni auch teilgenommen hatte.

Telegramm:	
Hexenkuss:	manni, hi, … geht's dir gut? … fragestunde war gut heute, gell? konstant über 20 leute im raum ;-) … der anwalt hatte ganz schön zu tun ;-) … so langsam werde ich auch expertin in sachen jura ;-) … hast du meine mail gelesen? …
Soonsawa:	ja, kleines … hast du echt immer noch ein problem damit, deinen AOL-freund zu treffen???
Hexenkuss:	ja, ein … sehr großes …sag nicht «AOL-freund», das hört sich furchtbar an :-(
Soonsawa:	willst du meinen rat??
Hexenkuss:	ja, bitte! … gar nicht treffen … NIE?
Soonsawa:	erst lach mal wieder, weil gutes rad nix teuer … LOL, klar sollst du ihn treffen
Hexenkuss:	LOL, bist ein lieber, habe viel gelacht vorhin in der konfi ;-) … <smile> … dieser jürgen ist auch nett, stimmt's? weißt du, daß ich manchmal glaube, … mein peter hält mich vielleicht etwas hin? aber wir verstehen uns echt … absolut SUPER
Soonsawa:	trefft euch einfach
Hexenkuss:	bitte: deinen rat :-))
Soonsawa:	versuche ihn zu treffen, ganz einfach, ohne hintergedanken!!
Hexenkuss:	versuche??? du meinst, … ER kneift…?
Soonsawa:	sonst bekommste noch einen knacks weg … wenn das zu lange dauert
Hexenkuss:	wir haben angst, daß … ohgott … LOL … wir SOFORT übereinander herfallen … LOL … JA, hast recht, einen halben knacks habe ich schon …
Soonsawa:	siehste … ich kenne das
Hexenkuss:	aber dränge ich ihn, dann mach ich's vielleicht ganz kaputt …
Soonsawa:	ach quatsch … wo wohnt er??

Hexenkuss:	in köln … hast recht, es wird auch zeit, und dann wissen wir es schließlich beide, … ob der traum aus ist …
Soonsawa:	dann fahr hin …
Hexenkuss:	… oder beginnt … wer … ICH zu IHM ??? NIE …
Soonsawa:	wieso??????
Hexenkuss:	ich dränge mich doch nicht auf, … mich vor seine tür zu stellen, eher würde ich STERBEN … und dann ist da noch eine freundin in der schweiz … denkst du nicht, wenn ich ihm etwas bedeute, daß ER dann vielleicht mal auf die idee kommen könnte, ein date zu vereinbaren?
Soonsawa:	hmmm …
Hexenkuss:	ich warte es lieber ab, … vielleicht verschenke ich auch ein paar wochen meines lebens, … aber die sind es mir wert …
Soonsawa:	oder sag einfach, er soll dich besuchen … weißt du, wie er aussieht??
Hexenkuss:	ja, er hat sich beschrieben, aber kein foto! briefe ja, telefonate auch und … eben … na ja … ALLES …
Soonsawa:	und was ist dann noch so schwer daran??
Hexenkuss:	… unsere angst … wir wollen uns das beide nicht zerstören … träume sind auch schön, manni :-)
Soonsawa:	ihr seid doch erwachsene leute
Hexenkuss:	und … er ist nicht frei, aber ich spüre, daß er nicht glücklich ist … ich denke, er bestraft sich selbst, hört sich komisch an, gell? … aber … JA, hast recht, aber seit einigen monaten bin ich wieder zum kind geworden … lol
Soonsawa:	oh oh
Hexenkuss:	ach, manni, … wir werden sehen …
Soonsawa:	aber zu lange warten ist nicht gut
Hexenkuss:	ja, es muß jetzt bald mal sein, … ich weiß, kann auch bald nicht mehr … wie war das mit deinem treffen neulich mit bruni … woher kennst du sie? …
Soonsawa:	bruni … ach gabi, … das ist meine große liebe … wir kannten uns schon elf monate; erst wollte ich nicht, dann sie nicht; dann eines tages merkten wir, daß wir uns lieben, gaby … sie

	wohnt ja in den staaten … ist aber deutsche … und ich … gaby, nicht böse sein, ich wollte es dir neulich nicht sagen … wollte dir nicht noch mehr hoffnungen machen …
Hexenkuss:	ach manni … was denn? ERZÄHL …
Soonsawa:	nun, wir haben uns doch auch online hier kennengelernt … damals … waren verliebt wie du … sind es noch! … sie ist meine zukunft, gaby … wir sind uns in die arme gefallen und haben uns tatsächlich nicht mehr losgelassen … und hatten die gleiche angst davor wie ihr :-))
Hexenkuss:	hey, … und ? ist sie wieder zurückgeflogen? wann seht ihr euch wieder?
Soonsawa:	ja gaby, sie ist wieder zurück … zu ihrem mann … und ich bin ja auch verheiratet … es ist so schwer :-(… sie kommt in einem halben jahr erst wieder nach germany …
Hexenkuss:	ach manni, also du auch …
Soonsawa:	ja, gaby …
Hexenkuss:	laß dir nicht weh tun, … es wird alles gut!!!
Soonsawa:	das hoffe ich doch auch so, gaby … ich habe noch niemals jemanden so geliebt … versteh ich ja selber nicht … alles ist so kompliziert, ich habe doch auch dieses unternehmen, es muß alles weitergehen … die arbeit … und dann diese schreckliche sehnsucht auf der anderen seite …
Hexenkuss:	wirst sehen, … es wird sich alles klären … duuuuu? ich wünsche DIR ganz VIEL GLÜCK …
Soonsawa:	danke, kleines, aber du mußt aufpassen auf dich, versprich es mir! … denke soviel nach über dich (euch) … weißt du, meine bruni, … sie ist die einzige (außer dir), die nie etwas von mir wollte … im real life sind viele auf mein geld aus, … bin ziemlich bekannt hier in salzburg … da ist eine liebe, die im medium entsteht, etwas anderes … sie wußte nichts von mir und liebte mich trotzdem von anfang an … verstehst du?
Hexenkuss:	was für ein sternzeichen bist du?
Soonsawa:	stier
Hexenkuss:	oh oh …
Soonsawa:	wieso??

Hexenkuss:	lieb, sehr lieb, aber etwas ZURÜCKHALTEND, stimmt's? … in beziehungsdingen …
Soonsawa:	ja … kenne halt auch die menschen :-(
Hexenkuss:	du, ich geh erstmal Offline, muß mit dem hund gassi, … er wackelt schon mit den ohren … sorry … schicke einen GUTEN hexenfluch zu dir und über den großen teich ;-)
Soonsawa:	ob's hilft ;-)) … danke, du bist süß, gaby, warte … wieso rufst du ihn nicht einfach an???
Hexenkuss:	ach manni, die andere, sie ist vielleicht gerade bei ihm, macht ihm fondue oder raclette, da kann ich doch nicht anrufen :-((…
Soonsawa:	<— hat telefonrechnungen wie eine bank
Hexenkuss:	LOL … ICH AUCH! und ich werde sie irgendwann auch nicht mehr bezahlen können …
Soonsawa:	die letzte … setz dich … also nur für die zeit, in der ich aol nutze: 1500,- DM (umgerechnet) … :-(
Hexenkuss:	OHGOTT, MEINE: 820 DM und AOL 530 DM
Soonsawa:	meine belaufen sich auf die o.g. 1.500 mark plus AOL-kosten 900 mark
Hexenkuss:	muß mir einen … ohhimmelhilf … nebenjob suchen … hm, manni, sag mal, … überträgt sich bei dir nichts, wenn du mit bruni online bist?
Soonsawa:	hmm … doch gaby, so viel … !!!
Hexenkuss:	wenn ich meinen peter in der buddy-liste sehe, … LOL, falle ich von ganz alleine um ;-)
Soonsawa:	LOL
Hexenkuss:	aber nur bei IHM … schrecklich … das darf ich auch nur dir erzählen … <smile> … sonst weiß keiner davon …
Soonsawa:	ich weiß nicht …
Hexenkuss:	was?
Soonsawa:	also, … ich sehe bruni noch viel lieber in echt ;-)
Hexenkuss:	ja, … aber peter und ich, wir hatten uns ja noch nicht in echt …

Soonsawa:	wir treffen uns jede nacht online … in den staaten, da wo bruni lebt, sind sie ja sieben stunden zurück …
Hexenkuss:	ES WIRD, … und dann manni, … IRGENDWANN … schmeißt ihr beide den monitor weg …
Soonsawa:	LOLOL
Hexenkuss:	seht euch nur noch «LIVE» … sei lieb zu ihr … und schick ihr eine rose …
Soonsawa:	bruni steht aber auf sonnenblumen …
Hexenkuss:	sei kein frosch, dann sei du ihre sonne … oh … diese MÄNNER … ;-)
Soonsawa:	soll ich keine sonnenblumen schicken ??
Hexenkuss:	doch, aber vielleicht ohne blüte? … sagst ihr, die sonne seist du, den stiel könnte sie schon mal haben … LOL … MIR würde das gefallen
Soonsawa:	LOL
Hexenkuss:	aber ich bin auch etwas verrückt … sorry … hm, deine bruni ist bestimmt sehr nett …
Soonsawa:	ich liebe sie, gaby …
Hexenkuss:	was ist mit deiner frau? oder hat das eine nichts mit dem anderen zu tun? …
Soonsawa:	nein … es ist alles so schwer … die kinder … und weißt du, meine frau … es ist so kalt geworden … verstehst du?
Hexenkuss:	:-((
Soonsawa:	ach liebes, laß uns ein anderes mal darüber reden, ja? … ich muß noch eben bei bertelsmann reinschauen in die homepage …
Hexenkuss:	was machst du da?
Soonsawa:	die haben einen neuen boulevard aufgemacht … ganz interessant … ich muß noch dringend zwei bücher bestellen, deshalb war ich eigentlich nur reingekommen ;-)
Hexenkuss:	und dann trafst du mich <smile>
Soonsawa:	ja, gabi :-))) also, laß mich mal eben … ich suche das buch «schlagfertig kontern» … LOL, das kann man(n) immer gebrauchen ;-)

Hexenkuss: LOL ... frau auch ;-) von wem ist das?

Soonsawa: irgendein doktor zittlau, glaub ich, kannst ja mal reinschauen, das ist die adresse: **http://www.boulevard.de** ... geh ins internet und gib das ein ...

Hexenkuss: danke, manni, warte, ich schau mal eben rein ... Kennwort internet? ...

Soonsawa: ja oder einfach oben auf die weltkugel klicken ... und dann die adresse im www eingeben ...;-)

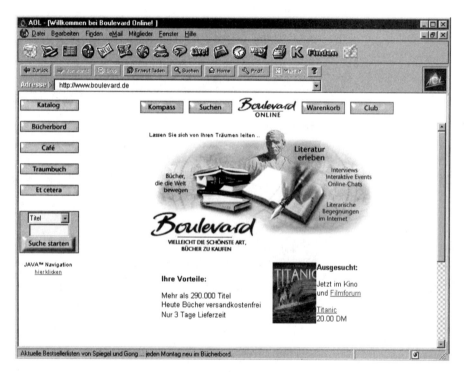

Hexenkuss: huii, hat geklappt, manni <freu> ...

Soonsawa: und laß dich auch wieder mal im AOL-austria blicken, gell? ... weißt ja, morgen ist wieder chat dort[*23] ... und die ösis sind doch echt nett ;-) ... bis später ... und danke, daß du da warst

Hexenkuss: bussi, manni

Soonsawa: bussi, gabi und pfiat di :-)

Thema:	**Falsch gemacht?**
Von:	**Hexenkuss**
An:	soonsawa

Hi, mein lieber Manni!

Nun, ob das nun richtig war? Aber mir ist es ernst, ich mußte meinem Peter jetzt sagen, daß ich ihn sehen will.

Ich habe ihm eine E-Mail geschrieben und ihm das klipp und klar mitgeteilt. Wenn er sich jetzt nicht meldet und mir sagt, daß auch er mich kennenlernen will (real), dann ist absolut Feierabend. Mit einer unerfüllten Liebe komme ich in meinen «hohen Alter» hoffentlich noch klar, das ist nicht das Problem, aber dieser «Schwebezustand» ist nicht mehr zu ertragen! Du mußt dir mal überlegen, daß ich bis heute (nach über sechs Monaten) immer noch kein Foto von ihm habe.

<smile> ... zumal andere da viel schneller sind. Ich habe da einen ... halt Dich fest ... Regierungsdirektor kennengelernt ... nett ... na ja, online eben sehr nett ... 46 Jahre alt. Eigentlich kenne ich ihn gar nicht, aber er ist wenigstens existent, was ich von Peter ja (außer von seiner Telefonstimme) immer noch nicht weiß. Dieser Regierungsdirektor hat mir die E-Mail-Anschrift und Telefonnummer seiner Behörde gegeben, ich habe das alles schon gecheckt.

Nun, er hat mich eingeladen, ich soll unbedingt mit ihm ein paar «erotische Tage» verbringen ;-). Wie gesagt, Adresse, Telefon, seine Freunde, sein Job, alles bekannt, also kein «Betrüger». Hmm, nun gut, kein Betrüger im herkömmlichen Sinne. Daß er verheiratet ist, kann nicht mein Problem sein. Er will mich «auffangen», «verwöhnen», einfach so, ... und, na ja, ich sehe es nicht unter dem Aspekt «Partnerschaft», sondern einfach nur als «Abenteuer». LOL ... Manni, er weiß nicht, was da auf ihn zukommt ;-) Hm, er weiß, daß mein Herz nicht frei ist, schreibt mir aber trotzdem die heißesten Liebesbeteuerungen und ist richtig lieb, obwohl äußerlich – so wie er sich beschrieb – nicht so mein Fall, aber das interessiert ja auch nicht. Er will mich einfach nur mal richtig «verwöhnen» ... <freu> ... ein Wochenende lang. Ach, Manni :-(

Ich überleg's mir halt. Eigentlich möchte ich gerne mal herausbekommen, ob ich das kann. Mit einem wildfremden Menschen, einfach nur mal so, um Sex pur zu erleben. Ihr Männer könnt das doch auch!

Hm, er sagt, er habe seine Frau noch nie betrogen, und ich glaube ihm das sogar. Er macht einen total anständigen Eindruck, etwas spröde vielleicht, aber nett.

Gebildet vor allem. Da er in seiner Heimatstadt als führende Persönlichkeit sehr bekannt ist, hat er dort nicht den Mut, einen Seitensprung zu wagen. Daß wir uns online getroffen haben, war reiner Zufall. Weißt Du, ich … na ja … irgendwie erregt es mich überhaupt nicht, wenn ich mit ihm kommuniziere, da ist nichts, kein Grummeln im Bauch, eben nur dieser Reiz eines EROTIK-Wochenendes. Ohne von ihm etwas zu wollen. Weißt du, eins, das **ICH MIR** mal nehme. Und er beteuert, daß nichts geschieht, wenn ich nicht will.

Auch ich lebe nur einmal, und so'n kuscheliges Wochenende hätte mal wieder was … <smile> …

… aber das würde ich viel, viel lieber mit Peter verbringen. Aber wenn der nicht will? Wie lange soll ich noch warten? Du, mal sehen, wie Peter reagiert, und höre ich nichts von ihm oder bekomme gar wieder Ausflüchte zu hören, dann werde ich diesem Regierungsdirektor mal ein bißchen entgegenkommen ;-)

Du hörtest dich vorhin auch nicht so toll an, Manni, … mit Bruni, das macht dich traurig, stimmt's? Meine Güte, kann es wohl sein, daß wir alle irgendeinem IDEAL hinterherjagen? … Ach Manni! Du bist ein Mann und kannst Dich vielleicht leichter schützen vor diesen Herzensdingen, das ist wohl so, und ich beneide Euch Männer so oft darum! Obwohl, … in die Seele eines Mannes und in sein Herz möchte ich auch nicht schauen, da sieht es bestimmt ganz oft anders aus als außen!?

Drück die Daumen für uns alle und … bleib wie Du bist!

:-xxx Gaby

Thema:	**Sisyphus ...**
Von:	**Hexenkuss**
An:	**PierreBN**

Wenn man frei mich wählen ließe,
wählt' ich gern ein Plätzchen mir...
mitten drin im Paradiese,
lieber noch vor seiner Tür.
   (Friedrich Nietzsche)

Du antwortest nicht, Peter ... :-(

Willst mich also doch nicht «richtig» kennenlernen?

Geht es Dir gut?

Mich würde interessieren, wie Du die unten stehende Geschichte siehst, paßt ja auch ein bißchen in Deine und die unsere derzeitige Situation?

Der antike Sisyphus litt unter der Strafe der Götter. Tag für Tag wälzte er einen schweren Marmorstein eine Anhöhe hinauf. Wenn er schon glaubte, ihn sicher auf den Gipfel gebracht zu haben, entglitt ihm der Stein jedes Mal, um donnernd in die Tiefe zu rollen!

Stetiges, fruchtloses Bemühen als höchste Strafe!? Sisyhpus, der tragische Held der Vergeblichkeit?

Ist Sisyphus für Dich, Peter, ein «gequältes Opfer», ein an der Widrigkeit seiner Situation Leidender? Oder vielmehr ein Glücklicher, weil ihm in dem Moment, in dem der Stein erneut den Berg hinabrollte, eine Pause, ein Aufatmen gewährt wurde?

Er eilte hinunter, sein Schicksal zu erfüllen, den Stein von neuem bergan zu wälzen. Doch diese Minute des Aufatmens war die Minute des Bewußtseins. Sisyphus wurde sich seiner Situation bewußt, aber hat er sie damit bereits überwunden?

Hat er, Peter?

Sisyphus, der Held des Absurden, dem sein Bewußtsein seine menschliche Würde verlieh?

Ich frage mich manchmal, ob das bloße Bewußtwerden einer Situation tatsächlich genügt, ihr einen SINN zu verleihen? Und wenn, ist der Sinn dann die Hoffnung auf einen eventuellen Erfolg oder eher die bewußte Hoffnungslosigkeit?

Meine Güte, AOL und diese Gefühle am Rechner haben so viel gemein mit der Geschichte. Denk mal drüber nach.

Peter, sei lieb umarmt,

melde Dich doch bitte ...

:-xxx Gaby

Drei Tage später …

Thema: Seele
Von: Hexenkuss
An: PierreBN

Peter …

Wie soll ich meine Seele halten,
daß sie nicht an Deine rührt?
Wie soll ich sie hinheben
über Dich zu andern Dingen?
Ach gerne möchte ich sie bei irgendwas
Verlorenem im Dunkel unterbringen
an einer fremden stillen Stelle,
die nicht weiterschwingt,
wenn Deine Tiefen schwingen.

Doch alles, was uns anrührt, Dich und mich,
nimmt uns zusammen wie ein Bogenstrich,
der aus zwei Saiten eine Stimme zieht.

Auf welches Instrument sind wir gespannt?
Und welcher Spieler hat uns in der Hand?
Oh süßes Lied.

<3 <3 <3 <3 <3 <3 <3 <3 <3 <3 <3 <3 <3 <3 <3 <3 <3 <3

Thema:	**No response?**
Von:	**Hexenkuss**
An:	**PierreBN**

Lieber Peter!

Jetzt habe ich seit zehn Tagen nichts von Dir gehört. Alles nur, weil ich Dir schrieb, ich wolle Dich auch «richtig» kennenlernen? Wovor hast Du nur solche Angst?

Bitte erlaube mir, Dir zu sagen, daß ich für mich herausfinden konnte und durfte, daß meine Gefühle für Dich keine Augenwischerei war, kein Strohfeuer. Glaub mir, ich meinte und meine wirklich DICH, es waren keine hochgeschaukelten Worte oder Gefühle, die etwa mit IRGENDEINER Person austauschbar wären. Oder ergeht es Dir da anders? Ich jedenfalls weiß, wovon ich spreche, das darfst Du glauben! Insofern war Dein Rückzieher ganz wertvoll.

Wir haben gespürt, wie schnell hier «online» Gefühle entstehen können. Aber haben sie letzten Endes nur mit dieser schmerzhaft unerfüllten Sehnsucht in uns zu tun? Sollte es tatsächlich völig egal sein, WER die Worte schreibt? Sag!

Ja, ich weiß, man(n)/ frau macht sich gerne schnell etwas vor. Ist ja auch toll, zu lesen, daß der andere einen lieb hat und immer da ist. Daß da jemand ist, der Dich streichelt und Dich küßt. Wer wäre dafür nicht empfänglich, besonders, wenn er alleine lebt oder wenn es in der Partnerschaft nicht mehr so funktioniert?

Da ist es dann nicht schwer, sich in sein anonymes, scheinbar liebevolles Gegenüber zu verlieben, mit Knall und Fall, geht ganz schnell! Erschreckend schnell!

Und doch weiß ICH nun, daß es nicht so ist bei mir, weil DU mein Herz erobert hast, auch wenn Du es vielleicht gar nicht wolltest. Aber ich weiß, es war und ist **personengebunden!** Ob es nun erwidert wird oder nicht, aber es ist für mich die wichtigste Erfahrung überhaupt gewesen. Vielleicht hast Du oder hattest Du ja schon Gelegenheit, es für Dich auch einmal herauszufinden? Oder bist Du mit anderen Frauen hier auch so vertraut? Ich habe Deine Seele kennengelernt, Deine Einstellung zum Leben, Deinen Kummer. Aber all das hat mit DIR als MENSCH zu tun, die Gefühle kommen aus Dir. Es ist kein Aufsatz, den hier irgendein Typ in den Rechner tippt.

Dein Schweigen ist nicht nachvollziehbar für mich, da ich immer und immer gehofft habe, es sei bei Dir ein ähnlich intensives Gefühl da für mich. Ich habe echt daran geglaubt, es glauben wollen, und glaube es noch! Du sprachst von «unserem gemeinsamen Weg», von unseren gemeinsamen Zielen und Träumen. Du hast gesagt, wir müssen an die Träume glauben, dann werden sie wahr. Dein Herz ist nicht frei für mich! Vielleicht merke ich es erst jetzt, in dem Moment eben, wo mein eigenes Herz nicht frei ist für andere!

Jaja, Du hast es oft genug gesagt, es ist nicht die «richtige Zeit» für uns, und doch weiß ich, daß WENN es bei Dir so ein echtes Empfinden wäre wie bei mir, es IMMER die richtige Zeit ist für uns.

Oder gibt es eine falsche Zeit für Gefühle?

Du (wir) hättest (hätten) einen Weg gesucht **und gefunden**, um uns «in echt» kennenzulernen, uns zu spüren und zu erleben.

Ich habe immer daran festgehalten, aus meinem Herzen keine Mördergrube zu machen, und am Allerschlimmsten finde ich es, wenn sich jemand von einem anderen zurückzieht in der Annahme, der würde es dann schon irgendwann mal merken. Mit dieser Art des Verhaltens bin ich noch nie klargekommen, … sorry.

Sollte es Dir nicht längst klar sein, so ist nun Zeit für Dich zu prüfen, ob Du MICH meintest oder doch nur einen Halt suchtest, einen Trost, einen anonymen Menschen eben, der Dir zuhört und der genausogut «xyz» heißen könnte!?

Ich wünsche Dir, daß Deine Träume und Wünsche in Erfüllung gehen mögen! Meine jedenfalls gehen nicht hinter diesem grauen, sterilen Kasten in Erfüllung. **Ich will meine Träume leben!**

Vergiß mich nicht so schnell,

Gaby

Am Dienstag darauf / 22.45 Uhr

Tiger125: da bist du ... wo hast du so ewig gesteckt ... meine gute? ...

Hexenkuss: WILFRIED :-) ... schön, dich zu sehen

Tiger125: ich habe immer wieder nach dir gesehen hier, hab dich nie mehr entdeckt ... war richtig betrübt ...

Hexenkuss: was ist denn los? ... hast du kummer?

Tiger125: das übliche ... habe eine anstrengende dienstreise hinter mir ... und muß mich erst wieder regenerieren ...

Hexenkuss: danke für deine e-mail vom behördenrechner, jetzt weiß ich, daß es dich wirklich in «echt» gibt ... LOL ...

Tiger125: du kannst mich ja noch viel echter haben, meine gute ...

Hexenkuss: upps, wie darf ich das denn verstehen? ... herr regierungsdirektor immer noch auf abwegen?

Tiger125: unser gespräch von neulich hat mich nicht losgelassen ...

Hexenkuss: ja, du scheinst sehr ehrlich zu sein, ... eigentlich verstehe ich es ...

Tiger125: lass mich bitte teilhaben an deinen gedanken ...

Hexenkuss: na, ich habe mir überlegt, für dich ist so ein «seitensprung» ... <sorry> ... ja auch nicht so einfach zu realisieren ... stimmt's?

Tiger125: du hast recht, ich bin hier in lübeck ziemlich bekannt ...

Hexenkuss: du vertraust mir sehr ... das ehrt mich, wilfried ...

Tiger125: verzeih, ich habe dich überprüft ...

Hexenkuss: überprüüüüüüüft???? ... wie bitte darf ich das denn verstehen?

Tiger125: du mußt entschuldigen, das mußte ich, wenn wir uns wahrhaftig sehen wollen ... das heißt, wenn du das überhaupt noch willst ...

Hexenkuss: ich gebe zu, ein regierungsdirektor, das hat schon was <smile> ... hmm, ...also gehe ich davon aus, daß ich deiner überprüfung standgehalten habe? ... test bestanden? ... LOL ... wie stellst du dir ein treffen vor? schickst du mir einen fahrer? einen flieger? einen roten teppich? <ohhimmelhilf> ...

Tiger125:	ich denke, das ist keine gute idee … meine familie fährt am übernächsten wochenende fort …
Hexenkuss:	hmm, und … ?
Tiger125:	wenn es dir so angenehm ist, kümmere ich mich gern um ein hübsches domizil, in dem wir uns ein wochenende voller zärtlichkeit gönnen können …
Hexenkuss:	das hört sich sehr verlockend an … du bist sicher, daß du das willst? … ich glaube, ich bin eine ziemlich wilde ;-) na ja, und so ganz hübsch (schlank) bin ich ja auch nicht, hast mein foto ja gesehen, … hast du gar keins von dir online ??
Tiger125:	leider nein, aber du weißt doch, wie ich aussehe … 183 cm, schlank, dunkel, oberlippenbart …
Hexenkuss:	ohdugutegüte, du bist bestimmt ein ganz seriöser, mit krawatte und immer und stets auf etikette bedacht …
Tiger125:	für unser wochenende, meine gute, wird es kein protokoll geben … ich verspreche es
Hexenkuss:	<-- sehr beruhigt … ;-)
Tiger125:	nun, kannst du dich entscheiden? hast du lust, dich verwöhnen zu lassen? …
Hexenkuss:	hmm, … ja, wilfried, ich glaube, … JA ;-)) … warum nicht? ich bin niemandem rechenschaft schuldig, und ich stelle es mir wunderbar vor, dich zu verführen und zu verwöhnen …
Tiger125:	moment, … ich verwöhne dich, meine gute, so war es abgemacht :-)
Hexenkuss:	hoffentlich gerate ich jetzt nicht an einen ladykiller … :-)
Tiger125:	ist es dir recht, wenn ich mich um ein lauschiges plätzchen für uns kümmere? aber ich muß mit der aufrichtigkeit deiner festen zusage rechnen können …
Hexenkuss:	ohgott, … ja, komisch ist es schon, aber … hm, … na ja, aber ich weiß, wer du bist, was soll also passieren … ein wochenende ohne hemmungen, … jaaaa, … wilfried … JA!… und … hmmm …
Tiger125:	ja? …
Hexenkuss:	na ja, wilfried, … angenommen … wir können uns nicht leiden … was tun wir dann? wir fahren volles risiko …:-)

Tiger125:	dann spielen wir schach, meine gute, oder schauen gemeinsam in das prasselnde kaminfeuer … keine sorge, ich bin bei dir …
Hexenkuss:	okay, wilfried, ich … na ja, ich freue mich auf dich … puhh, ist schon eine aufregende geschichte … ;-)
Tiger125:	du hörst von mir … ich freue mich auf dich, auf deinen körper, auf deine zärtliche nähe …
Hexenkuss:	<-- errötet … okay, wilfried … :-) gehen wir's also an. du meldest dich? … ich bin auch jetzt weg hier, muß noch das abendbrot richten …
Tiger125:	meine frau kommt auch gleich nach hause, sie ist architektin und arbeitet nur zwei tage in der woche, aber dann bin ich für das essen zuständig, … das personal hat heute frei, weil ich auch sehr gerne mal am kochtopf stehe …
Hexenkuss:	oh, du kannst kochen? … bist für jede überraschung gut, gell? ;-) … also, du kümmerst dich um ein hotel für uns? …
Tiger125:	laß dich überraschen, meine gute, ich werde dir ein wunderschönes wochenende bereiten, das du niemals mehr vergessen wirst …
Hexenkuss:	ich habe jetzt schon weiche knie …
Tiger125:	ich wünsche dir einen guten abend, bis bald, die küsse hebe ich mir auf … bis bald … :-)
Hexenkuss:	bis bald wilfried, ohgott … und lösch diese zeilen bloß auf deinem rechner :-)

Donnerstag

Thema:	Erotikwochenende
Von:	Tiger125
An:	Hexenkuss

Meine Gute!

Ferienhaus Heide, am Ortsrand von Hermannsburg an der Aller (Nähe von Celle).

Es handelt sich um ein kleines Haus im Blockhausstil auf einem 7000 qm großen parkähnlichen Hochwaldgrundstück mit altem Baumbestand. Von den zwei Terrassen hat man einen wunderbaren Panoramablick auf die Allerniederung. Wir können draußen frühstücken und unsere Füße in dem Flußbett kühlen.

Das Wohnhaus hat eine Wohnfläche von ca. 80 qm. Im Erdgeschoß befinden sich Wohnzimmer, Küche, Dusche, Toilette; im Obergeschoß zwei sehr gemütlich eingerichtete Schlafzimmer (ich gehe davon aus, daß eins unbenutzt bleiben wird).

Im Wohnzimmer befindet sich ein großer, alter Kaminofen. Radiorecorder und Fernseher sind vorhanden (letzteres benötigen wir eher auch nicht).

Die Küche ist voll eingerichtet mit Elektroherd, Kühlschrank, Kaffeemaschine und Geschirr für bis zu sechs Personen. An Komfort fehlt es an nichts.

Ich habe, Dein Einverständnis vorausgesetzt, dieses kleine Häuschen für das übernächste Wochenende für uns beide vorgesehen. Ich hoffe, es wird Dir gefallen. Allerdings gehe ich davon aus, daß wir von der herrlichen Umgebung nicht so sehr viel zu sehen bekommen.

Deiner Angst entgegentretend möchte ich noch sagen, daß ich für den «Fall der Fälle» den Besuch eines Bachkonzerts in einem nahegelegenen Kloster in Erwägung ziehe, zu dem ich Dich gegebenenfalls herzlich einladen möchte.

Bitte überleg Dir, ob Du mit dem PKW oder der Bahn anreisen möchtest. Ich schlage vor, wir treffen uns morgen in einer Woche, also am Freitagnachmittag gegen 17 Uhr dort an Ort und Stelle, oder ich hole Dich vom Bahnhof ab.

Bezüglich der Anreisemodalitäten telefonieren wir kurz, immerhin kennen wir bisher nicht einmal unsere Stimmen.

Meine Gute, ich werde Dich ganz wunderbar verwöhnen!

In freudiger Erwartung Deiner Antwort,

Wilfried

Thema:	**Erotikwochenende im Blockhaus**
Von:	**Hexenkuss**
An:	**Tiger125:**

Lieber Wilfried,

herzlichen Dank für Deine Mail. Na, das hört sich wirklich gut an. Okay, ich bin einverstanden, ich werde am nächsten Freitag um 17 Uhr dort sein, ich reise mit dem PKW an. Die genaue Anschrift schreibst Du mir noch, beziehungsweise gibst sie mir telefonisch durch, nicht wahr?

Übrigens, Wilfried, ich möchte Dir gern drei Wünsche erfüllen :-)).

Hm, Abenteuer pur, ich weiß. Mir des vollen Risikos bewußt, gehe ich es ein. Also wie gesagt: drei Wünsche. Egal, was ;-)

Ich möchte gern «danke» sagen, und das ist halt meine Art, dies zu tun.

Überleg sie Dir gut, es sind wirklich nur drei :-)

Alles Liebe,

Gaby

Thema:	WIE IM MÄRCHEN?
Von:	Tiger125:
An:	Hexenkuss

Meine Gute,

was für eine entzückende Idee. Selbstverständlich werde ich Dir im Gegenzug auch drei Herzenswünsche erfüllen.

Bedingungslos.

Ich habe eine dienstliche Ruhepause genutzt, um unser Abkommen vertraglich festzuhalten. Keine Sorge, es ist nicht so beamtenmäßig ernst gemeint, aber Du weißt, Beamte sind nun mal penibel. Führe Dir den Vertrag einfach mal zu Gemüte, ich hatte große Freude bei der Ausarbeitung. Änderungswünsche werden gerne noch berücksichtigt.

*Hochachtungsvoll
Wilfried*

Anlage

Dienstvertrag gem. §§ 611 Abs. 1 BGB

zwischen

Tiger 125
Wilfried Schuchard
geb. am 30. 04. 1950 in Lübeck
z.Z. Lüneburger Heide

und

Hexenkuss
Gaby Röttger-Willemsen
geb. am 11. 07. 1955 in Dortmund
z.Z. Lüneburger Heide

wird folgender Dienstvertrag gem. § 611 Abs. 1 in Verbindung mit § 817 BGB geschlossen:

§1 Vertragsgegenstand/-durchführung
Die o. g. Personen verpflichten sich, im Rahmen dieses Vertrages – unter Berücksichtigung des §§ 133 BGB – folgende Dienstleistungen (ggf. in Teilleistungen) durchzuführen:

Tiger125:

Wunsch Nr. 1: _____
_____
_____

Hexenkuss:

Wunsch Nr. 1: _____
_____
_____

Tiger125:

Wunsch Nr. 2: _____
_____
_____

Hexenkuss:

Wunsch Nr. 2: _____
_____
_____

Tiger125:

Wunsch Nr. 3: _____
_____
_____

Hexenkuss:

Wunsch Nr. 3: _____
_____
_____

Die o. g. Wünsche sind von beiden Vertragspartnern möglichst detailliert (und der oftmals jahrelang verdrängten erotischen Phantasie entsprechend) – ohne spießige oder gesellschaftliche Hemmschwellen – niederzuschreiben.

Aufgrund der außerordentlichen Brisanz dieses Vertrages wird ein spontanes, gemeinsames Ausfüllen der Unterlagen am Erfüllungsort angeraten. Beide Vertragspartner verpflichten sich jedoch, im Vorfeld bereits gedankliche Inhalte zum Zwecke des Vertragsabschlusses zu sammeln. Auf eine notarielle Beurkundung der Unterschriften kann somit verzichtet werden.

Die Vertragspartner sind bezüglich der Wunschäußerungen und deren Erfüllung eigenverantwortlich tätig. Auf die Hinzuziehung eines verantwortlichen Projektleiters, weiterer Hilfspersonen und Hilfsmittel wird daher verzichtet.

Die Erfüllung desselben Wunsches darf mehrfach begehrt werden, jedoch nicht öfter als fünf mal (FÜNF!) täglich. Die mehrfache Erfüllung desselben Wunsches gilt bei gegenseitigem Einverständnis nicht als die Erfüllung mehrerer Wünsche.

Die Parteien können einander gegenseitig die Erfüllung weiterer Wünsche gestatten sowie die Erfüllung von Wünschen auf Probe ohne Anrechnung auf die Wunschhöchstzahl begehren.

§2 Bearbeitungszeitraum
Diese o. g. angenehmen Dienstleistungen sind – im gegenseitigen Einvernehmen – spätestens bis zum 10. Oktober 1996 zu leisten.

§3 Abnahme
Die Abnahme der vertragsmäßig durchgeführten Dienstleistungen nehmen die Vertragspartner im gegenseitigen Austausch vor und erteilen dem jeweiligen Wunscherfüllenden unaufgefordert das entsprechende Feedback (!!).

War mit der Leistung ein Erfolg bezweckt, dessen Eintritt nach Wunscherfüllung als ungewiß angesehen wird, so ist der jeweilige Wunscherfüllungsempfänger, falls der Erfolg nicht eintritt, zur Herausgabe so verpflichtet, wie wenn der Anspruch auf Herausgabe zur Zeit des Wunschempfangens rechtshängig (<-- smile) geworden wäre (§§ 820 BGB Abs.1, Verschärfte Haftung bei ungewissem Erfolgseintritt)

§4 Kündigung
Eine fristlose Kündigung dieses Vertrages durch die Vertragspartner ist normalerweise nicht zulässig.

Ein wichtiger Grund liegt lediglich bei einer evtl. plötzlich ausbrechenden Blondinen- beziehungsweise Regierungsdirektorenallergie vor. In diesem Fall hat die Kündigung schriftlich durch eingeschriebenen Brief zu erfolgen. Die Kündigung tritt erst bei Vorlage des eingeschriebenen Briefes in Kraft (Postzustellung Lüneburger Heide = alle 14 Tage).

§5 Hemmungslosigkeit
Beide Vertragspartner verpflichten sich – unter bewußter Berücksichtigung, daß diese Gelegenheit eines solchen Vertragabschlusses ggf. erstmals bzw. letztmals in ihrem irdischen Leben gegeben sein wird –, die jeweilige Wunschäußerung beziehungsweise deren Erfüllung mit der für diese Zwecke notwendigen und unerläßlichen absoluten Offenheit und Hemmungslosigkeit zu äußern. Bei der Überwindung und dem Abbau eventueller anfänglicher Hemmschwellen steht der jeweils erfüllende Vertragspartner dem jeweils genießenden Vertragspartner nach bestem Wissen, Gewissen (und Möglichkeiten) zur Verfügung. Etwaige Ausflüchte bezüglich der streng katholischen Erziehung der beiden Vertragspartner werden als Hinderungsgrund nicht anerkannt und sind somit nichtig.

§6 Vertraulichkeit
Diese o.g. als äußerst vertraulich anzusehenden Informationen der Vertragspartner (sowie der Dienstvertrag als solches) unterliegen der absoluten Schweigepflicht gegenüber Dritten. Die vertrauliche Behandlung dieser Unterlagen wird durch die Unterschrift der Vertragsparteien uneingeschränkt und verbindlich besiegelt.

§7 Kraftloserklärung
Beide Vertragspartner verpflichten sich im gegenseitigem Einvernehmen zur Vernichtung dieser Unterlagen im offenen Kaminfeuer. Voraussetzung ist, daß der Vertrag erfüllt worden ist und die jeweiligen Vertragspartner noch aufrecht das Kaminfeuer erreichen können. Gegebenenfalls ist zwecks Entsorgung der Vertragsunterlagen spontan nach einer anderen – für beide Seiten befriedigenden – Lösung zu suchen. Kopien dieses Vertrages gelten als nicht existent.

§8 Vergütung
Die Vergütung für die unter § 1 dieses Vertrages aufgeführten Dienstleistungen der Vertragspartner ergibt sich aus deren uneingeschränkter Erfüllung. Sämtliche Ansprüche aus diesem Vertrag gelten nach dem 10. 10. 1996 als abgegolten und verfallen bei eventueller Nichterfüllung.

§9 Rechtsweg
Bei Unstimmigkeiten über Auslegung und Vollzug dieses Vertrages unterwerfen sich die Parteien unter Teilung der Kosten dem Schiedsspruch der «Beratungs-

stelle für erfüllte Sexualität im Alter» in Lüneburg. Der ordentliche Rechtsweg ist ausgeschlossen.

§10 Verwertungsrechte
Die Rechte an der schriftstellerischen oder sonstigen Veröffentlichung der in Erfüllung dieses Vertrages gewonnenen Erkenntnisse oder Erlebnisse stehen den Parteien gemeinsam zu. Die Veröffentlichung darf nur unter strengster Wahrung der Anonymität erfolgen. Dies gilt auch für die Veröffentlichung dieses Vertrages ggf. als Mustervertrag zur Hilfe für ähnliche «Fälle».

Lüneburger Heide, 27. September 1996

_____ _____

(Gaby Röttger-Willemsen)   (Wilfried Schuchard)

Erotik-Freitag

Mit gut einer Stunde Reserve war ich von zu Hause losgefahren. Dies war mit Abstand das aufregendste Abenteuer, auf das ich mich bisher überhaupt eingelassen hatte.

Was wäre, wenn dieser Mensch mir nicht liegen würde? Was wäre, wenn das ein abgekartetes Spiel war? Verbrecher lassen sich alles Mögliche einfallen heutzutage, vielleicht würde er mich doch in der Heide verscharren wollen, nachdem er mich genußvoll zerstückelt hatte. Niemand außer Manni wußte, wo ich war an diesem Wochenende. No risk, no fun?

16.45 Uhr. Ich biege in ein Waldstück ein, eine langgestreckte Einfahrt «unseres» Wochenendhäuschens, das von der Straße her noch nicht sichtbar ist. Ein Hexenhäuschen mitten im Wald! Wie nett. Als habe der Herrgott einmal auch meine Gebete erhört, ist Wilfried noch nicht da. So hatte ich es mir gewünscht.

Schnell noch tief das Nikotin einer letzten Zigarette inhalierend (Wilfried deutete an, penetranter Nichtraucher zu sein und Raucher/innen in seiner Nähe nicht zu tolerieren) verschaffte ich mir eine erste Orientierung über dieses wunderbare Grundstück, das tatsächlich von hohen Bäumen und einem leise dahinplätschernden Fluß gesäumt wird. Totale Einsamkeit. Die Vögel zwitscherten in den Baumwipfeln, auf den beiden großzügigen Terrassen erblickte ich einladende Korb-Gartenmöbel. Die Holzläden des Blockhauses sind noch fest verriegelt. Ob das Haus Wilfried gehört? Vielleicht gar sein heimliches Liebesnest, wo der Herr Regierungsdirektor mit seinen Gespielinnen ungestört war, wann immer er wollte. Aber sagte er nicht, er habe noch nie …? Was, wenn er masochistisch veranlagt sein würde? Auf Peitsche und Spielchen in Lederklamotten stand ich nun nicht gerade.

Für diese Zweifel war es jetzt jedoch zu spät, zumal sich gerade in diesem Moment der dunkelgrüne Volvo bereits über die Auffahrt langsam und unaufhaltsam dem Häuschen näherte.

Nie werde ich lernen, in solchen Situationen Unbefangenheit an den Tag zu legen. Wochenlanges Erlernen von autogenem Training schienen für die Katz. Streßsituationen wie diesen war ich einfach nicht gewachsen. Peter war der, der immer sagte, ich müsse alles mit «heiterer Gelassenheit» sehen, dann ginge alles viel leichter. PETER! Warum nur hatte er sich nicht mehr gemeldet? Was würde ich dafür geben, wenn er gleich aus diesem grünen Kombi aussteigen würde und nicht irgendein sexhungriger Regierungsdirektor!

Nicht hinsehen, einfach nicht hinsehen! Ich war dermaßen aufgeregt, daß ich am liebsten in diesem Moment unauffällig vom Erdboden verschwunden wäre.

Doch die Erde teilte sich nicht.

«So so, das ist also meine Gute. Freut mich sehr, dich zu sehen! Na, bist du denn schon lange hier...?»

Mein vorher schon geübtes Lächeln für diese erste Minute des Kennenlernens mußte ihm jetzt besonders dämlich vorkommen, da es mir völlig mißlang. Jedoch hatte Wilfried des öfteren schon seinen unumstößlichen Glauben an den Wahrheitsgehalt von Blondinenwitzen klar zum Ausdruck gebracht, so daß er sicher nichts anderes erwartet hatte.

«Nein, nein, in dem Moment erst bin ich gekommen...» stammelte ich, als Wilfried sich mir näherte und mich in seine Arme schloß. Kein Kuß, kein Streicheln, aber vielleicht wollte er mich einfach nur festhalten, so daß meine zitternden Knie nicht doch noch unter mir nachgaben. Keine Ahnung, wie lange ich dort als erstarrte Salzsäule in seinen Armen stand vor dem immer noch verriegelten Blockhaus, aber ich fühlte mich alles andere als wohl. Wilfried rettete die Situation, indem er mich freiließ und zunächst das Häuschen aufschloß, wonach er geschäftig begann, seinen Kofferraum von unzähligen Kisten, Taschen und Tüten zu befreien.

«Ich habe an alles gedacht, meine Gute. Laß uns doch erst einmal alles auspacken und sichten. Schau, für heute abend habe ich uns frisches Lachsfilet von der Küste mitgebracht. Ach, stellst du den Kühlschrank schon mal an und legst Holz in den Kamin? Ja, und bitte sei so lieb und beziehe doch schon mal die Betten oben. Schau dich erst einmal um dort im Häuschen, ich bin gleich soweit...» rief er mir zu, während er zwischen Blockhaus und seinem Auto pausenlos hin- und herlief.

Was sollte ich nur tun? Ich hätte doch damit rechnen müssen! Dieser Mann, nein, doch, na ja, es gab nichts auszusetzen an ihm, das war es nicht. Gepflegte Erscheinung, aber zart war er, geradezu zerbrechlich, viel kleiner als er angegeben hatte, und dann dieses Gesicht. Eigentlich war es ein ganz normales Gesicht. Aber ich konnte mich nicht dagegen wehren, es hatte etwas Kindliches.

Regierungsdirektor? Na, den jedenfalls hatte ich mir ganz anders vorgestellt. Groß, stattlich, eine Persönlichkeit eben. Ohgott, ich mußte diese Situation retten. Aber wie? Vielleicht war er von mir geradezu ähnlich enttäuscht? Ich konnte es nicht ergründen, er lief immer noch zum Auto, immer hin und zurück, bestimmt zum zwanzigsten Mal. Wie lange wollte er wohl bleiben? Was um alles in der Welt mochte in diesen Kisten verborgen sein? Werkzeug? Sägen? Was tat ich hier?

Das Auspacken und die mir von Wilfried immer neu zugerufenen Aufgaben ließen mir keine Zeit zum Nachdenken. Also zauberte ich zunächst einmal die richtige Atmosphäre, legte die «kleine Nachtmusik» von Mozart in den CD-Player, zündete die dreißig Kerzen an, die Wilfried auf den kleinen Tisch neben die ebenfalls mitgebrachten und für meinen Geschmack etwas pompösen Kerzenständer gelegt hatte, und schichtete im Kamin einige Birkenholzstücke über dem Feuer auf. Kaffeemaschine anstellen, ach ja, ich hatte ja einen Nußkuchen gebacken und mitgebracht. Also deckte ich den Tisch.

Nach einer guten Stunde schließlich hatte Wilfried endlich die Tür von innen geschlossen, wir saßen uns nun an der gedeckten Kaffeetafel gegenüber und «beschnupperten» uns. Sehr vorsichtig.

Wilfried mochte es ebenso empfinden wie ich, dessen war ich sicher. Kein Wort, keine Geste von Annäherung, keine Erotik, kein Wort über unsere Absichten, die uns heute hier hatten zusammenkommen lassen.

«Wilfried, magst du noch ein Stückchen von dem Nußkuchen, oder …»

«Nun, meine Gute …»

Wenn er doch nicht immer «meine Gute» zu mir sagen würde! Im Internet mochte sich das ja zärtlich anhören, elektrisierend. Hier aber verlor dieses «meine Gute» schlagartig sämtliche Romantik.

«… ich denke, wir sollten es uns ein bißchen gemütlich machen, meinst du nicht? Heute abend möchte ich das Lachsfilet für uns braten, ich werde dich verwöhnen, du wirst sehen. Ich habe jungen Blattspinat und Schupfnudeln dazu vorgesehen, wenn es dir recht ist? Einen guten Wein dazu, und wir werden es gut haben hier. Nun komm doch mal zu mir, meine Gute! …»

Wilfried saß immer noch auf dem Stuhl, seine Beine nun seitlich ausgestreckt, seine Arme weit ausgebreitet, so daß ich mich zu ihm hinunterbeugte und ihm einen ersten, flüchtigen Kuß auf die eiskalte, glatte Wange gab. Wie ein Fisch. Es würde nicht gehen! Schnell wendete ich mich ab, um mein Entsetzen über mein eigenes Empfinden, oder besser gesagt Nichtempfinden, zu verbergen. Schlagartig wurde mir klar, was es hieß, jemanden «nicht riechen» zu können. Nein, nein, sein Rasierwasser war sicher von der edelsten Sorte, daran lag es nicht und auch nicht an ihm. Worauf hatte ich mich nur eingelassen?

Nach dem Abendessen, das Wilfried wirklich eigenhändig zubereitet hatte und das vorzüglich mundete, ließen wir uns in den schweren Clubsesseln nieder und prosteten einander mit dem sicher sündhaft teuren Champagner zu, den er natürlich auch nicht vergessen hatte.

Ich hockte mich schließlich auf das dicke, dunkle Fell vor dem Kamin, schaute ins Feuer und träumte von Peter, was ich Wilfried natürlich nicht sagen konnte. Er setzte sich zu mir, legte den zuvor ausgearbeiteten Blanko-Vertrag wortlos, aber mit diesem gewissen Leuchten in den Augen vor uns auf die dunklen Fußbodenkacheln und drückte mir einen Kugelschreiber in die Hand.

Es hatte keinen Sinn. Ich mußte Farbe bekennen.

«Wilfried, ich…»

Sein rechter Arm lag plötzlich auf meiner rechten Schulter und griff schon ein bißchen tiefer, als er gleichzeitig begann, mich an sich zu ziehen …

« … ich kann nicht …, es geht nicht, Wilfried, sei mir nicht böse, es…»

Herr Regierungsdirektor küßte mir fischmäßig die Wortfetzen weg und ließ mich nicht mehr zu Wort kommen. Ich ließ es ohne Leidenschaft und jegliche Art von körperlicher Erregung über mich ergehen und dachte an das Märchen mit dem Froschkönig.

Zum Ausfüllen des Vertrages kamen wir nicht. Ich spürte das Verlangen dieses Mannes nach einem Erlebnis, fühlte seine Begierde, und … na ja, erfüllte ihm einen Wunsch. Einen. Einen einzigen. Ich denke, das war ich ihm schuldig, und ich hatte den Eindruck, er hat es sehr genossen. Es ist erstaunlich, wie manche Ehefrauen ihre Männer in dieser Hinsicht «verkümmern» lassen. Auch eins der Themen, das ich niemals verstehen werde.

Es folgten wirklich gute Gespräche. Wir sprachen offen und ehrlich über unsere Beweggründe und Risikobereitschaft für dieses Wochenende. Es war, wie es war. Und ich sagte es ihm. Ich erzählte ihm von Peter und meinen Gefühlen, und er erzählte mir von seiner Ehe und dem eingefahrenen Trott. Von seiner Sehnsucht nach menschlicher Nähe, von der Hilflosigkeit, weil er seine Frau nicht dazu bewegen konnte, ihn so zu befriedigen, wie er es sich seit Jahren doch so sehr wünschte.

Die letzten drei Stunden der Nacht verbrachten wir in getrennten Betten, und am nächsten Morgen beschlossen wir beide im gegenseitigen Einvernehmen, unser «Erotik-Wochenende» abzubrechen und in Richtung Heimat zu fahren. Jeder in seine eigene.

Nachdem wir den «Dienstvertrag», der nun leider doch unausgefüllt geblieben war, in der letzten Glut des Kamins gemeinsam verbrannt hatten und beide etwas wehmütig dem Aufflackern des Papiers zugesehen hatten, schenkte Wilfried mir zum Abschied einen ungefähr zwei Zentimeter großen Frosch aus einem wunderschönen, glatten, dunkelgrünen Edelstein. Mit den Worten: «... ich hoffe, du mußt nicht mehr viele Frösche küssen, meine Gute, um deinen Prinzen zu finden. Du bist wunderbar, danke ...» drückte er mir einen feuchten Kuß auf die Stirn. Komisch, daß er diesen Frosch bereits bei sich gehabt hatte.

Unter Tränen versuchte ich auf der Heimfahrt zu verdrängen, daß dieses Wochenende doch von Anfang an schon zum Scheitern verurteilt gewesen war. Mein Herz war nicht frei. Eben auch nicht für «Erotik pur» mit einem Regierungsdirektor!

Drei Tage später

Hexenkuss: hallo, mein wilder :-)

Tiger125: gleichfalls

Hexenkuss: <smile> ... ich wollte nur nach post sehen

Tiger125: ich auch ...

Hexenkuss: und haste?

Tiger125: nee

Hexenkuss: ich auch nicht :-(

Tiger125: ohhhh

Hexenkuss: ist deine familie wieder da, und hast du den geburtstagskuchen für deine tochter schon gebacken?

Tiger125: ja, sie sind zurück ... nee, ich will mich doch nicht strafbar machen

Hexenkuss: <smile> ... versuchs doch mal ... vielleicht schokoladenkuchen?

Tiger125: mordversuch

Hexenkuss: quatsch ... kannst ja sogar fisch braten, haben wir doch gesehen :-)

Tiger125: backen ist weder meine leidenschaft noch meine stärke

Hexenkuss: es muß nicht immer leidenschaft sein ... aber stärke schon ;-) oder umgekehrt? ;-) hm, was genau ist denn deine leidenschaft? ;-)

Tiger125: du bist meine leidenschaft, aber ich laß mich hier doch nicht ausfragen

Hexenkuss: feige

Tiger125: paß auf, daß du nicht auch verhört wirst

Hexenkuss: von wem? deiner frau? ... <BLASS> ...

Tiger125: neugierige

Hexenkuss: schuft ;-))) du sprichst bestimmt mit 'ner anderen noch nebenan im telegramm ... gib's zu ... das dauert ja ...

Tiger125: ich lade parallel was runter ...

Hexenkuss:	du sollst nicht immer runterladen, wenn wir zusammen sind …
Tiger125:	was macht dein computer-liebling? … immer noch verliebt? schön, daß es auch noch blondinen gibt
Hexenkuss:	HÖR AUF … gemein bist du … schuft, … lübecker macho ;-)
Tiger125:	das muß ich mir nicht anhören …
Hexenkuss:	hm … du bist süß … NA? besser?
Tiger125:	lügnerin
Hexenkuss:	hey … das muß ich mir nicht anhören … Wilfriedel, mach's gut …
Tiger125:	du wolltest doch nichts mehr hören
Hexenkuss:	du legst mich ja doch nicht flach ;-) <smile> … auch heute nicht …
Tiger125:	äh??? du verdirbst mich noch
Hexenkuss:	hey … wenn ich das mal könnte … ;-)
Tiger125:	du warst wunderbar … tschüß
Hexenkuss:	ciao, wilfried … hey … keinen kuß?
Tiger125:	na gut, einen kleinen … :-x

Anmerkung:
Er hatte nicht ein einziges Mal «MEINE GUTE» gesagt ;-))

Die kommenden Tage verliefen ruhig. Von Peter kein Wort, keine Zeile. Und auch mein Regierungsdirektor war wohl wieder in den seriösen Ehealltag zurückgekehrt. Besser so!

09. NOVEMBER 1996

PierreBN:	ohh, welche überraschung … ich freue mich, … sprichst du noch mit mir?
Hexenkuss:	<--- fällt gerade um <bummm> … PETER :-)) … wo kommst du denn her?;-)
PierreBN:	liebes, es tut mir leid … ich hatte nicht die kraft, mich …
Hexenkuss:	wofür? wo warst du nur so lange? …
PierreBN:	mich früher zu melden … alles ist neu … probleme … ich schreibe dir, ja?
Hexenkuss:	na, … da bin ich ja mal gespannt ;-)
PierreBN:	ich muß leider raus … hab mich so gefreut, dich zu sehen … liebes :-))
Hexenkuss:	wollte auch gerade wieder raus … bis bald … ? :-xxx

Thema:	**Zauberblüten**
Datum:	**11. November 1996**
Von:	**PierreBN**
An:	**Hexenkuss**

Liebe Gaby,

trotz all der Kälte draußen herrscht hier jetzt endlich wieder eine ungeheure Wärme, die sich immer weiter steigert. In der Zeit, die wir uns nun kennen, ist eine große Nähe gewachsen, die nur hin und wieder durch die Hektik der Arbeitswelt und des Alltags ein wenig vernebelt wurde.

Aber hinter dem Nebelschleier und unter der weißen Schneedecke wachsen ganz besondere Blumen, die «noch» unsichtbar sind, aber «irgendwann» mit einer ganz eigenartigen Vielfalt blühen werden. Diese Blüten werden uns verzaubern, ihr Duft wird uns umhüllen, und die ganze andere Welt wird dann für uns hinter diesem Zauber versinken.

Für diese gemeinsamen Träume wünsche ich uns die Erfüllung. In diesem Sinne freue ich mich auf das Wiedersehen mit Dir!

Du fehlst mir!

Sei ganz lieb umarmt, bis bald!

:-*xxx Dein Peter*

Jahreswechsel 96/97

Alles, was folgte, war Funkstille.

Seit dieser Nachricht vom elften November hatte ich nichts mehr von Peter gehört, und auch meine E-Mails an ihn blieben wieder einmal unbeantwortet.

Zu Weihnachten erhielt ich ein «reales» (!) Päckchen mit dem Absender «Peter»! Ein Buch von Ken Follet, «Brücken der Freiheit», über das wir mal online gesprochen hatten, und eine Karte, in der er um Verzeihung bat, daß er immer noch nicht zu einem Treffen bereit sei und noch Zeit brauche. Ich freute mich sehr, daß er an mich gedacht hatte. Immer noch wußte ich nicht, wie Peter aussah, immer noch wußte ich nicht, wie er als Mann «real» auf mich wirken würde.

Nein, ich bekam ihn einfach nicht aus meinem Kopf und schon gar nicht aus meinem Herzen! Was war nur los mit mir?

Das Weihnachtsfest verlief ruhig, das heißt, na ja, einige einsame Herzen traf ich während der Feiertage immer wieder mal «in meinem Rechner», aber Peter war nicht zu sehen. Er hatte mich sicher längst vergessen und widmete sich liebevoll seiner Schweizer Freundin.

Ich würde diesen Mann aufgeben müssen. Endgültig! Aber wie?

Am Morgen des zweiten Januar saß ich wie gewohnt in meinem Wohnzimmer am Schreibtisch und schminkte mich, als ich in meinem eingeschalteten Rechner die mir nun schon so vertraute Melodie vernahm, die ein eingehendes Telegramm ankündigt.

Telegramm IM – 02.01.97 06:49 AM

PierreBN: guten morgen ... ein gutes neues jahr wünsche ich dir! ... wann fährst du in urlaub? ... morgen schon? ...

Hexenkuss: das ist der schönste jahresbeginn, den ich mir denken kann ;-) ... guten morgen ... ebenso ein gutes neues jahr ... du weißt, was ich dir wünsche ... nein, fahre doch erst heute in einer woche ;-) ... aber komm jetzt bitte in meine arme und laß dich im neuen jahr erstmal drücken, ... wir haben uns dieses jahr noch nicht einmal geküßt ...

PierreBN: ja, hast recht, jetzt drück ich dich erstmal 1997-mäßig ... ganz fest ...

Hexenkuss: das tut 1997-er mäßig saugut ... LOL wichtig ist, du spürst mich wie ich dich ... möchte jetzt gern bei dir sein, ... dich erleben, uns erleben ;-)

PierreBN: ich auch, an einem offenen feuer, sehr kuschelig mit dir ... aber irgendwie weiß ich ja, daß ich auch hier eine ganz besonders wärmende quelle habe ...

Hexenkuss: immer diese anzüglichkeiten, mein herr

PierreBN: heute sind anzüglichkeiten angebracht ... ohne richtige anzüglichkeiten wie lange unterhosen oder ähnliches ist es kalt ...

Hexenkuss: mit druckknöpfen? ach schatzi, ... mach mich hier nicht verrückt ...

PierreBN: eher mit eingriff ... fachtechnisch ausgedrückt ... ;-)

Hexenkuss: ob es ein leichter eingriff wäre ...? LOL ... irgendwann ... weiß ich es ...

PierreBN: offensichtlich NOCH nicht ;-)

Hexenkuss: ... schlimm mit dir ...

PierreBN: schön mit dir ... schön schlimm, irgendwann wird es noch schlimmer, schlimm genug ...

Hexenkuss:	<—- träumt von leichten eingriffen und solchen sachen … LOL … du hast angst vor mir, stimmt's?
PierreBN:	hab vor dir sicher keine angst … eher vor mir …
Hexenkuss:	… oh oh … vor was genau? muß ich auch angst haben?
PierreBN:	nein, brauchst keine angst zu haben …
Hexenkuss:	du könntest es mir sagen oder mich spüren lassen … irgendwann auch zeigen
PierreBN:	noch nicht
Hexenkuss:	ich könnte dich jetzt gut vertragen …
PierreBN:	da haben wir was gemeinsam … wenn es auch andersherum gilt … ich dich auch
Hexenkuss:	hast du silvester mal kurz an mich gedacht? … aber nicht schwindeln
PierreBN:	hab ich!! … und nicht nur einmal …
Hexenkuss:	ich möchte gern, daß du meine strahlenden augen jetzt siehst …
PierreBN:	ich drück dich … erst zart, und dann fest …
Hexenkuss:	ohja … fester … noch ein wenig fester bitte und ganz leidenschaftlich … und tür zu bitte von innen, dann können wir den eingriff wagen … ;-)
PierreBN:	in dem raum steht schon so viel …
Hexenkuss:	OH … das freut mich und läßt mich erröten … ach liebes ;-) … ich möchte deine stimme so gerne hören … an meinem ohr so richtig … nah, «live»
PierreBN:	irgendwann wird das auch was, laß mir noch etwas zeit …
Hexenkuss:	soviel du magst …
PierreBN:	ich nehm davon nur das, was ich brauche ;-) … ich versuche mal, es zu erklären … hm, also wenn wir uns jetzt treffen … und dann reißt es uns einfach weg, davor hab ich jetzt noch etwas angst …
Hexenkuss:	haben wir angst vor glück?? … oder ist es die angst vor unglück?

PierreBN: es ist sicher keine begründete angst vor irgendwas … nur vor etwas, was nicht kalkulierbar ist …

Hexenkuss: daß wir uns mögen könnten, wäre in der tat schön schlimm … ;-))

PierreBN: das mögen ist etwas harmlos ausgedrückt … da ist mehr … und das ist eben das risiko des weggerissenwerdens … wir bereiten einfach weiter den weg … mag komisch klingen … aber ich freu mich mehr auf das geben als das nehmen …

Hexenkuss: ich möchte dich eines tages spüren, ohhh peter, … so geht es mir aber auch … LOL … dann sind wir wieder quitt, wenn wir beide so denken …;-)

PierreBN: dann wird das gemeinsame ganz besonders schön …

Hexenkuss: ich möchte dich für mein leben gern verwöhnen … entschädigen für so vieles

PierreBN: irgendwann … noch irgendwann …

Hexenkuss: ja, … noch irgendwann …

PierreBN: laß uns im moment diese träume genießen, auch wenn sie dann manchmal ein wenig leiden lassen … und irgendwann werden unsere träume wahr … ich weiß es :-)

Hexenkuss: ja, liebes, ich vertraue dir … wir bleiben auf unserem weg, ja? … ich küsse dich :-xxx

PierreBN: ich drücke dich ganz fest … laß uns beide an die erfüllung glauben … und sage ciao :-xxx

Thema:	wunsch …
Datum:	03.01.1997
Von:	Hexenkuss
An:	PierreBN

mein lieber peter,

<kopfduck> …

würdest du deiner (undiplomatischen und ungeduldigen) gaby einen ganz großen wunsch erfüllen, bevor sie die paar tage in urlaub fährt?? einen nachträglichen weihnachtswunsch vielleicht? hm, na ja, eigentlich sind es zwei ;-) … ????

nun, es ist nur, also… :

<tiefluftholend> … ich hätte wirklich gern ein foto von dir, … irgendeins, ganz egal, wie du darauf aussiehst, hauptsache, du bist es selbst, und es wäre schön, wenn es nicht ein ganz altes wäre, so daß ich mir dich vorstellen kann :-)

einfach nur so, peter, ich bitte dich.

klar, ich hab dich schon mal gebeten, mehr als einmal, aber vielleicht verstehst du, daß ich dich gerade jetzt gerne «richtig» vor augen hätte, will dich mitnehmen in den urlaub, möchte, daß du bei mir bist und ich dich ansehen kann. völlig unverbindlich, einfach nur, weil es mir persönlich wichtig ist. ohne dich damit zu belasten. nur ganz allein für mich. du kannst es sofort nach dem abschicken wieder vergessen, daß ich eins habe. ohhimmelhilf, ist das schwierig mit dir … (mir/uns).

der zweite wäre …

na ja … ich würde mich einfach freuen, wenn wir donnerstag (ab 17 uhr) mal kurz am telefon tschüß sagen könnten oder freitagmorgen …

(erschlag mich doch nicht gleich …)

:-xxx gaby

Am nächsten Morgen:

PierreBN: guten morgen, danke für deine mail … ich lasse mir was einfallen … aber will heute mal ganz diplomatisch neutral bleiben …

Hexenkuss: ach? das schaffst DU NIE! könnte einen steifen grog gebrauchen jetzt,… ist ja hundsmäßig kalt heute …

PierreBN: wär auch schlimm … oder?

Hexenkuss: WOHL WAHR …

PierreBN: siehste … da fängt man(n) ganz brav von dem wetter an zu reden und ihm nu ist er/sie/es steif … stocksteif …

Hexenkuss: HEY ;-) mein gott, das darf SIE nicht hören, wird sofort zappelig

PierreBN: nun zum wetter – ist es bei dir wirklich feucht? regnerisch, sorry ;-)

Hexenkuss: mein herzschlag … OH GOTT … SEHR regnerisch … feucht…

PierreBN: wird schon noch trockener werden, … weißer, kälter oder heißer …

Hexenkuss: bitte peter, … wenn du wüßtest … ich möchte, könnte … würde jetzt mit dir und IHM und IHR, mein puls schlägt einige etagen tiefer, sorry …

PierreBN: ich weiß nicht alles … aber das eine oder andere denk ich mir …;-) dann schlägt er an der richtigen stelle …

Hexenkuss: schatzi, ich … spüre dich … ich habe eine gänsehaut …

PierreBN: würd jetzt gern da den puls fühlen …

Hexenkuss: ja, soll wohl,… komm und fühl ihn gedanklich … du warst schon so oft bei mir … zum puls fühlen …

PierreBN: ich fühl ihn … spür die wärme … die feuchte …

Hexenkuss: ich möchte dich auch … spüren … deine wärme …

PierreBN: ich möchte dein verlangen stillen, dabei auch meines, dich ausfüllen …

Hexenkuss: in der wärme … dich steicheln … und dich aufnehmen … dich lieben … ganz ohne hemmungen … und spüren, was es heißt, wenn die welt versinkt um uns

PierreBN:	ganz ineinander versinken …
Hexenkuss:	völlig verschmelzen … überall … einfach … eins sein … liebes … und mit dir blumen blühen sehen, den schnee tauen sehen …
PierreBN:	… über eine sommerblumenwiese laufen, wie kinder darauf herumtollen …
Hexenkuss:	und lieb zu dir sein und wild … ja, leichtfüßig und glücklich, hinfallen und lachen …
PierreBN:	einfach zusammen eins sein …
Hexenkuss:	jaaaa, das ist es … ganz innig … sinnlich …
PierreBN:	… einfach schön ist es …
Hexenkuss:	ich habe fieber … mein puls, peter, er schlägt und schlägt … wie sieht es mit deinem aus? bin ich bei dir …?
PierreBN:	mir ist es ganz warm und ich spür dich ganz dicht bei mir …
Hexenkuss:	ich … würde dich gern … so richtig verwöhnen … so wie du es magst
PierreBN:	schön ist das, was seit dieser langen zeit mit uns passiert … danke dafür!
Hexenkuss:	wir genießen uns einfach … das ist so wunderschön … weil es gegenseitig ist
PierreBN:	ja, und etwas ganz besonderes …
Hexenkuss:	das stimmt wohl … einzigartig eben …
PierreBN:	liegt an uns … nicht am Internet ;-)
Hexenkuss:	na, … das will ich aber wohl auch schwer hoffen … LOL … laß dich umarmen …
PierreBN:	ganz fest …
Hexenkuss:	irgendwann erzähle ich dir mal, was du so auslöst in mir …
PierreBN:	… ich freu mich auf das erzählen … und das andere auch … ;-)
Hexenkuss:	ich mich auch auf dich … auf die sonnenblumenwiese mit dir … barfuß … und auf unsere kuschelecke in irgendeiner blockhütte und auf den zauberstab ;-)
PierreBN:	den zauberstab teilen wir …;-)

Hexenkuss:	ja … brüderlich … LOL … schwesterlich …;-) geschwisterlich
PierreBN:	na, ich glaub', das wäre keine lösung … bruder und schwester …
Hexenkuss:	denke ich auch irgendwie … wir werden einen richtigen weg finden …;-)
PierreBN:	das wäre dann ohne zauberstab … ;-) … wir sind auf dem richtigen weg …
Hexenkuss:	den sollten wir aber dann sinnlich involvieren, meinst du nicht? … smile … ja, sind wir …
PierreBN:	sehr sinnlich … denke ich …
Hexenkuss:	ich schmiege mich jetzt einfach an dich … mit mandeln oder ohne (mehr mit)
PierreBN:	behalt mich ganz dicht in deiner nähe so wie ich dich …
Hexenkuss:	atme dich ein … sei lieb geküßt …
PierreBN:	du weißt, wie ungern ich gehe, aber seien wir froh, daß wir wenigstens das haben … ciao … und ganz liebe küsse zurück zu dir …:-xxxxxxx

Einen Tag vor meinem Kurzurlaub erhielt ich einen großen Umschlag mit der Post. Nein, nicht per E-Mail, es gab tatsächlich noch eine «reale Postzustellung», wenngleich die auch in den vergangenen Monaten immer mehr in den Hintergrund gerückt war, da es sich meist doch nur um Rechnungen handelte (Telekom und AOL lagen dabei absolut auf dem ersten Platz). Meine Freunde aus dem «richtigen Leben» hatten es längst aufgegeben, mich telefonisch erreichen zu wollen, da durch den Internetzugang meine Leitung ständig besetzt war und ich mich nicht für einen ISDN-Anschluß entscheiden konnte, womit das Problem aus der Welt geschafft gewesen wäre. Irgendwann schrieben sie dann auch nicht mehr. Ja, ich weiß, Freundschaften muß man pflegen, und ich hatte sie alle sehr vernachlässigt, das war schon wahr.

Absender: PETER :-))

Ich glaubte es ja wohl nicht. Hatte er tatsächlich meinen Wunsch erhört? Neugierig und mit zittrigen Fingern öffnete ich langsam den Umschlag. Bloß nicht das Foto zerreißen, ganz vorsichtig! Gleich würde ich wissen, wem eigentlich mein Herz gehörte. Ob er so aussah, wie ich ihn mir immer vorgestellt hatte? Wenn ich nur daran dachte, wie oft ich früher schon enttäuscht gewesen war, wenn ich mich mal zu einem «blind date» verabredet hatte und mit einer gewissen Erwartungshaltung dann die jeweiligen Interessenten traf. Man(n)/frau konnte sich schon ganz schön täuschen in einer Stimme und Opfer seiner Phantasie werden!

PETER! Mein Peter!

Spontan küßte ich dieses Foto, drückte es an mein Herz. Ja, das war er. Genau so hatte ich ihn mir vorgestellt, genau so! Groß, kräftig, stark. Dunkle Haare, dieser hohe Stirnansatz, Schnäuzer, leicht angegraute Schläfen. Und diese Augen! Lachende braune Augen. Wunderbare, gefühlvolle Augen, die mich ansahen. Warmherzig. Peter, ich habe es immer gewußt!

Im Umschlag befand sich noch ein langer Brief, Maschinenschrift, sehr lieb geschrieben, aber dennoch war eine gewisse Distanz zu spüren. Eigenartig. War diese Zusendung des Fotos schon zu real für ihn? Keine Zärtlichkeiten, sachlich eher und «vom Verstand geschrieben», das war nicht zu übersehen. Immerhin, ein Foto von ihm hatte ich nun schon einmal. Und treffen würden wir uns auch. Ganz sicher! Vielleicht nach dem Urlaub? Für heute jedenfalls war ich glücklich. Endlich nahm mein «Traummann» reale Formen an, war nicht länger nur ein Phantasiegebilde.

Nun konnte ich beruhigt in Urlaub fahren und ich begann, mich darauf zu freuen. Acht Tage in die Berge, Ski fahren. Und Peter in der Pension auf meinem Nachttischchen.

Die Welt war in Ordnung!

Nach meiner Rückkehr:

Hexenkuss:	Hi, mein lieber, … na, hast du es ohne mich ausgehalten hier?
PierreBN:	meine liebe, sehr schlecht ;-) … hast du dich gut erholt?
Hexenkuss:	jaa, es war himmlisch schön und danke für die «wunscherfüllung» vorher ;-)
PierreBN:	es war an der zeit, denke ich …
Hexenkuss:	und ob! … danke :-) … peter, komm, laß uns schmusen heute, bitte NUR SCHMUSEN!
PierreBN:	also ganz nah … und dicht … und warm
Hexenkuss:	schatz … komm etwas näher … stehe ich vor dir oder du hinter mir?
PierreBN:	ich hinter dir … und umfasse dich …
Hexenkuss:	oh ja … jetzt, wo du's sagst, ich spüre dich, mir wird wirklich sehr warm
PierreBN:	und ich dich … ziehe dich ganz dicht zu mir …
Hexenkuss:	und … es … wird wärmer und wärmer … ich strecke mich dir entgegen
PierreBN:	ich küß dich ganz zart hinter das ohr … puste sanft hinein …
Hexenkuss:	OH NEIN … DAS MUSS AUS EINEM FILM SEIN! Casablanca oder so ;-)
PierreBN:	ich erinnere mich nicht … aber nicht alles aus einem film ist schlecht …;-)
Hexenkuss:	meine ohren mußt du ganz behutsam behandeln, liebes … dort bin ich SEHR empfindlich … ich wiege den kopf und fasse auch nach hinten, ziehe dich noch näher
PierreBN:	das ist schön, wenn dadurch ein schauer ausgelöst wird, der durch den ganzen körper läuft …
Hexenkuss:	und drehe langsam … zuerst meinen kopf
PierreBN:	ja, es wird warm … wohlig warm …
Hexenkuss:	ich möchte vergessen, daß es NOCH nicht ist …
PierreBN:	meine hände suchen nach deinen wunderbaren brüsten …

Hexenkuss:	peter … ich … sie … die mandelknöpfe … sie … sie können lesen
PierreBN:	ich spüre, wie knospen langsam erblühen
Hexenkuss:	ich liebe deine hände … deinen mund … deine berührungen
PierreBN:	ich möchte deine spitzen ganz zärtlich in den fingern spüren
Hexenkuss:	und ich drehe mich zu dir … ja, … kneif sie ein wenig …
PierreBN:	ich reibe sie leicht zwischen meinen fingerspitzen …
Hexenkuss:	ohgott peter … es … tut wahnsinnig gut … sie werden … hart und … wir küssen uns …
PierreBN:	jetzt möchte ich deine harten knospen mit den lippen berühren … leicht daran saugen … mit der zungenspitze darumkreisen …
Hexenkuss:	ich bekomme die gänsehaut … und ich … streichle dich
PierreBN:	dreh dich ganz zu mir … ich will deinen ganzen körper mit meinen lippen erkunden …
Hexenkuss:	peter, mein gott, ich sehne mich soo schrecklich nach dir, nach deinen berührungen …
PierreBN:	ich möchte dich auch spüren …
Hexenkuss:	sehne mich danach, meine zunge auf deinem körper kreisen zu lassen … dich verrückt zu machen …
PierreBN:	mit meinen händen sanft auf den innenseiten deiner schenkel langsam nach oben gleiten …
Hexenkuss:	peter … du machst mich verrückt … du … es ist, als seist du hier …
PierreBN:	spüren, wie du dich öffnest … fallenläßt … genießt …
Hexenkuss:	ich spüre deine hände, deinen mund …
PierreBN:	genieße es in vollen zügen … so wie ich dich genieße …
Hexenkuss:	deine zunge … dich … IHN … und du spürst mich … meine wärme
PierreBN:	die wärme ist wunderbar … und auch der genuß … ich möchte deine feuchte spüren … schmecken …
Hexenkuss:	maus … ich … strecke mich dir entgegen, möchte IHN auch schmecken

PierreBN:	ich möchte aufgenommen werden von dir … eintauchen in dir … ganz darin versinken … umschlossen werden …
Hexenkuss:	ohmeingott … ich … peter … du, wir müssen sehr viel zeit haben für uns …
PierreBN:	laß mich ganz zu dir … wir werden diese zeit finden und genießen …
Hexenkuss:	ja, komm … und … nimm mich dann so wie du es magst
PierreBN:	so, wie wir beide es wollen …
Hexenkuss:	nimm mich … ja, … ich mag es … sehr gern … und ich glaube … du auch … ich möchte dich tief in mir spüren und … fest … sehr fest …
PierreBN:	wir beiden mögen es … gemeinsam…
Hexenkuss:	ohmeingott … das bin ich hier nicht … das kann ich nicht sein … ich möchte dich riechen … deine haut spüren … dich streicheln überall …
PierreBN:	ich werde dich nehmen, bis du ganz heftig kommst … und dich dann halten …
Hexenkuss:	ganz lange … und ich halte dich … wir lassen es nachbeben … liebes … und genießen … das danach genauso wie das davor
PierreBN:	ja, wir genießen das ausklingen … und das wachsen, das danach wieder kommt
Hexenkuss:	und ich möchte dich … ohdugutegüte … einmal endlos nur spüren … spüren lassen … endlos
PierreBN:	ich werde mein möglichstes tun …
Hexenkuss:	jetzt in deinen armen liegen … mich hineinkuscheln wie eine schmusekatze und von dir … behütet werden … dich streicheln …
PierreBN:	laß uns jetzt aufhören und das, was wir jetzt erlebt haben einfach nachklingen lassen … ich brauche das jetzt, du verstehst es bestimmt, … bis morgen, meine liebe!
Hexenkuss:	:-) … bis morgen, mein herz … es ist wunderschön …
PierreBN:	danke! :-xxx

Thema:	Nähe
Von:	Hexenkuss
An:	PierreBN

gerade erst, vor ein paar minuten …
gespürt für den bruchteil einer sekunde,
oder waren es jahre? jahrzehnte?

bohrender schmerz bemächtigt sich meiner organe,
zersägt sie pervers inmitten des körpers,
dessen herz da drinnen immer noch schlägt.
solang' das so ist, sagt «man» nicht leichnam zu ihm,
das ist unüblich, das schickt sich nicht.

hör auf! sie sind nicht mehr existent,
nun merk es doch, hör auf jetzt zu sägen!!
wie kann ich dich, schmerz, empfinden an «nichts»?
verdammt, wer hat dich eingelassen? wer?
die tore waren doch bombenfest verschlossen!

grausamer, grölender schrei in die welt,
lautlos und stumm, verhallt in der trockenen kehle.
ich kann und will nicht mehr schreien
und schreie so laut.

wie selbstverständlich verklingt es im nichts.
gehörlose menschen umgeben mich!
doch einer hörte mich schreien, gerad' jetzt!

mein freund, du warst mir soeben schmerzlich nah.
schnittpunkt der schreie, schnittpunkt der seelen!
bis eben noch paßte doch alles ins bild,
ich dachte und hoffte, allein zu sein!
will mich nicht aufdrängen, nur weil ich lebe.
doch keiner versteht.
heimlich nenne ich mich «monster in sachen gefühle».

unsere seelen stießen frontal aufeinander,
erwartungsgemäß rief niemand den rettungswagen -
… ist eh zu spät!

gelebt für einen augenblick,
wiedergefunden in dir, einen augenblick nicht allein.
kilometer und eiskalte bildschirme trennen uns,
und doch war kein einziger millimeter zwischen uns.

Ich spürte sie ganz deutlich, diese Sucht nach dem Erleben eines pulsierenden Lebens.

Warum nur sperrte Peter sich so dagegen, unsere Erlebnisse in die Realität umzusetzen? Reichte ihm das Träumen am Monitor tatsächlich? Versagensängste? Oder Angst, daß ich mich ihm aufdrängen würde? Wollte er mich gar nicht richtig und war ihm diese Online-Beziehung genug? Warum schaffte er es nicht, seine Träume zu verwirklichen? Richtig glücklich konnte er doch kaum sein, sonst würde er sich nicht hier mit einer anderen Frau einlassen? Oder waren die Dinge, die er mit mir besprach und erlebte, in Wahrheit die Dinge, die er im richtigen Leben nicht ausleben durfte? Dann wäre er ein armer Kerl! Was hatte es mit der Beziehung zu seiner Freundin auf sich? Immer wich er aus, wenn die Sprache auf sein persönliches Glück (?) kam.

Er war damals nicht auf meine Bitte um ein persönliches Treffen eingegangen, und heute blockt er immer noch. Kann es etwas Schöneres geben, als Leidenschaft Haut an Haut zu spüren? Was hinderte ihn? Die Hoffnung, daß er «irgendwann» soweit sein würde, verlor sich langsam. Ich hatte ihm Zeit gelassen, weiß Gott. Wieviel würde er noch brauchen? Nicht einmal das wußte ich.

Stimmte das Motto aus meinem Internet-Profil noch?

Alles fügt sich und erfüllt sich,
mußt es nur erwarten können
und dem Werden deines Glückes
Jahr und Felder reichlich gönnen!

(nach Christian Morgenstern)

In diesen Tagen zog ich ernsthaft in Erwägung, für AOL tätig zu werden. Die meiste Freizeit verbrachte ich seit langer Zeit nun sowieso am Rechner, und warum sollte ich mein neues Hobby nicht zum Beruf machen? Vielleicht gab es ja so einen Beruf wie eine «Online-Redakteurin» schon? Also schrieb ich an einen mir online bekannten AOL-Mitarbeiter, teilte ihm meine Ideen mit, und erhielt folgende Antwort:

Thema:	**Nunja :-))**
Von:	**JohnM**
An:	**Hexenkuss**

Hi Gaby,

in Deiner mail schreibst Du:
>… aber immerhin, … es sind nicht alle so … ganz ehrlich, John … es ist tatsächlich nicht zu unterschätzen, daß sich hier sehr häufig auch Menschen mit Niveau treffen …

Ach, Gaby, das will ich doch hoffen – zumindest weiß ich es für meinen Bereich, die Leute mit denen ich zu tun habe. Das sind relativ technisch orientierte Menschen, die den Computer als faszinierendes Werkzeug betrachten, mit dem man wirklich viele tolle Dinge anstellen kann. Bezeichnend ist ferner, daß die durch die Bank auch alle im Real Life recht erfolgreich sind. An letzterem zweifle ich bei anderen *Internetlern* mitunter, wenn ich so pubertäre Profile oder Aussagen finde …

Du schreibst:
>*Fakt ist, daß hier ein potentieller Nachfragemarkt vorhanden ist, auf dem (laß uns die Beweggründe mal außer acht lassen) sehr bewußt nach «anonymen» Gesprächspartnern gesucht wird. Ich denke, diese Marktlücke gilt es zu füllen, und genau darin sehe ich die Basis meiner diesbezüglichen Vorstellungen, zielgerecht für AOL tätig werden zu können.*

Ja, da magst Du recht haben. Ist aber trotzdem ein recht heißes Eisen, von dem ich persönlich die Finger lassen würde. Die Gefahr liegt in der potentiellen Entgleisung. Ich habe schon manchmal mitgekriegt, was da abgeht, wenn mich Mitarbeiter in der *Konferenz* zu Hilfe gerufen haben, weil sie einen *Chatter* dabei hatten, der die Anonymität mißbraucht hat.

Du schreibst ja selbst, daß die Vertrauensbasis bei Dir im Laufe von Wochen und Monaten gewachsen ist. Bei der Menge an Mitgliedern wird die Masse an Nachfragen gewaltig sein; soviel Zeit wirst Du da bald nicht mehr haben, um überhaupt noch eine Vertrauensbasis zu Hunderten von Menschen herstellen zu können.

Bestes Beispiel ist für mich die AOL-Mitgliedergalerie*24: Sie ist seit letztem Freitag zugreifbar. Heute habe ich dort im Pinboard das erste Motz-Posting gefunden, weil einer sein Bild hochgeladen hat, es aber nach drei Tagen noch nicht freigegeben worden ist. Diese *online*spezifische Direktheit aus der Sicherheit der Anonymität verursacht nicht nur freundliche und vertrauensvolle Verhaltensweisen.

Die andere Seite ist der Zielkonflikt zwischen Wirtschaftlichkeit und Moral. Daß die Nachfrage vorhanden ist, da bin ich sicher. Ebenso, daß dann Hunderte von Leuten stundenlang *online* sind. Das bringt eine Menge Geld ein.

Die Kehrseite der Medaille ist, daß sich AOL auf die Fahnen geschrieben hat, ein «sauberer» Dienst zu sein. Die Inhalte, die Geld bringen (würden), sind nicht immer die ethisch reinsten, siehe die riesigen Rotlichtviertel im *Internet* oder im *Btx*.

Noch so ein Erfahrungswert aus dem ehemaligen Anwenderforum: Ich habe da im Pinboard Topics*25 fürs Herz gesehen, Teenies und Liebeskummer beispielsweise. Es gibt teilweise auch Zielgruppen, die sich überhaupt nicht für sowas interessieren, insbesondere die Computerfreaks. Da ist noch kein einziges Posting drin seit Wochen.

Hoffentlich ist diese Mail nicht zu desillusionierend – nimm's mir nicht krumm, aber ich mein's ehrlich ... :-))

Ein solches Forum à la Dr. Berger oder wie die heißt, ist Knochenarbeit ohne Ende mit chronisch dünner Personaldecke. Ich jedenfalls würde es mir nicht zutrauen.

Lieben Gruß aus Freiburg, John

---

05. Februar 1997

PierreBN: <freu> ... schön, dich zu sehen ... wie war dein tag ...?

Hexenkuss: ganz super ... ich habe vor zirka fünfzehn minuten mein todesurteil bekommen ... aber sonst ...

PierreBN: warum? was ist los ... nun sag ...

Hexenkuss: jetzt nicht ... muß erst sacken ...

PierreBN: hat es irgend etwas mit mir zu tun?

Hexenkuss: ist egal ... schatz, echt nicht ... ich bin einfach noch nicht soweit ... stehe noch unter schock

PierreBN: mach doch nur eine kurze andeutung ... brauchst doch keine details zu erzählen ... bitte, ich dränge dann auch nicht mehr ...

Hexenkuss: nur finanzieller kram ... ach peter ... habe gerade die quittung für neun monate einsamkeit am rechner bekommen ... wenn's nicht so traurig wäre, könnte man lachen ...

PierreBN: die telekom-rechnungen waren auf dauer zu hoch? aber welche folgen hat es jetzt?

Hexenkuss: na ja, sag ja ... ENDE ... witzig, gell? also halt dich mal wacker an die frauen in köln ;-)

PierreBN: bitte sag, du kannst mir vertrauen

Hexenkuss: ich weiß doch ... danke ... aber ich KANN noch nicht ... ich komme gerade daher

PierreBN: von der bank? haben sie das konto gekündigt? ... geben sie keinen kredit mehr? ... sag, bitte ...

Hexenkuss: na ja ... du, peter ... ich will dich nicht verlieren! ... und ... sag ich dir das alles, dann sprichst du nie mehr mit mir ... ich will nicht, daß du so von mir denkst ... ich ... du, so etwas ist mir noch nie passiert ... noch nie, noch nie!

PierreBN: ich verspreche, du verlierst mich nicht ... ich bin bei dir ... halte dich ...

Hexenkuss: oh gott ... na ja, es begann heute morgen ... hatte einen termin bei einer anderen bank

PierreBN: ja?

Hexenkuss:	so weit so gut … sie püfen noch … danach heute (gerade) termin bei der hausbank … und das war dann das ende … ende. punkt. es ist einfach zu ende, peter … schluß mit lustig, verstehst du? sie haben mir gerade alle meine freunde genommen … auf einen schlag! DICH!
PierreBN:	wußten die, daß du mit einer anderen bank verhandelst?
Hexenkuss:	weiß nicht, ob die inzwischen da angerufen hatten … keine ahnung … aber weißt du … es war grausam … ich bin bald ein sozialfall … und genauso behandelten die mich … die erste frage dieser arroganten bankerin: «sicherheiten»? … zweite frage: «ehemann»? … dritte frage: «alleinerziehend»? … und so weiter, und so weiter … es folgte unablässiges, hochmütiges lächeln dieser netten dame … von oben herab … vierte frage: … «telekom – so hoch?» es folgte: mitleidiges lächeln … fünfte frage: «haben Sie die EC-card dabei?» … dann war es aus … ich kann nicht mehr … sie haben die karte vor meinen augen zerschnitten … so einfach ist das … mit einem lächeln … aber ich war ja selbst schuld … neun monate einsamkeit ruinieren eben jeden
PierreBN:	du hattest zu sehr überzogen, war es das?
Hexenkuss:	peter, bitte sprich nicht darüber …
PierreBN:	niemals, das weißt du aber auch … komm mal in meine arme, … ganz nah … so ist gut … also? zu sehr überzogen?
Hexenkuss:	ja, ich wollte alles in einen großen kredit umwandeln … na ja, da spielen sie nicht mehr mit … ja und wegen der telekom-rechnung monatlich …
PierreBN:	welche alternative schlagen sie vor?
Hexenkuss:	alternative? machst du witze? … gibt keine alternative … KEINE … nichts … begreifst du es nicht? sie lösen nichts mehr ein … und bargeld krieg' ich auch nicht mehr … es ist aus! …nichts mehr … sie wollen nicht … aus.
PierreBN:	keinen kredit mehr, klar … aber du hast doch noch dein konto dort?
Hexenkuss:	ja … aber es geht nichts mehr … und weißt du was, peter? bitte nimm mich jetzt in den arm … bitte
PierreBN:	nun warte, die sache mit der anderen bank, das entscheidet sich doch noch

Hexenkuss:	ohgott, wenn die … nein, das kann nicht gehen … ich habe keine chance mehr … es ist das ende
PierreBN:	sag mir bitte … wie hoch sind die AOL-telekom-rechnungen durchschnittlich??
Hexenkuss:	beide zusammen jeden monat über eintausend mark … jeden monat, peter … und … und ich sitze wieder hier! jetzt auch noch … nichts gelernt :-(
PierreBN:	das ist der helle wahnsinn
Hexenkuss:	du vergißt das jetzt alles … und aus … irgendwie ging es immer weiter … außerdem ist das alles nur so hoch, weil ich … immer noch keinen eigenen einwahlknoten habe … also ist telekom im 50-er tarif-bereich, und das haut so rein :-(
PierreBN:	:-xxx liebes … verstehe, du mußt dich darum kümmern, einen örtlichen provider finden … schau nach vorn, ja, es geht irgendwie weiter …
Hexenkuss:	nein … gut, daß du da bist! wie soll das gehen mit uns? … ich kann nicht mehr jeden tag … oh peter … <schluchz> …
PierreBN:	wir finden einen weg … schließe dich in meine arme … dann weißt du, daß du nicht allein bist …
Hexenkuss:	danke … {{{peter}}}
PierreBN:	:-xxx … ich will dich nicht mehr missen …
Hexenkuss:	ich dich doch auch nicht … <heul> … DAS IST DOCH DAS PROBLEM … weißt du, was sie mich fragten?
PierreBN:	?
Hexenkuss:	ich könne aussuchen, ob sie die telekom-lastschrift zurückgehen lassen sollen oder stadtwerke (strom) … und nun rate, was ich geantwortet habe …
PierreBN:	strom !!!
Hexenkuss:	… logo …
PierreBN:	ohne strom … würde hier auch nichts klappen :-(
Hexenkuss:	ach ja ;-) … ohje … ich mag dich
PierreBN:	und ich dich erst … ciao, liebes und kopf hoch! … :-xxx
Hexenkuss:	:-xxxx … danke … für alles! ciao.

Thema:	Ablenkung von der Realität
Von:	Hexenkuss
An:	PierreBN

Liebster, ich träumte ... und muß es aufschreiben ...

Wir liegen nackt im Bett. Erschöpft.

Wir sind beide noch sehr erregt, sind noch nicht fertig miteinander. Du ziehst mich an Dich, mein Schoß auf Deinem Schoß, meinen Rücken an Deine Brust. Deine Hände bewegen sich über meine Schulter abwärts zu meinen Brüsten. Mein Mund liebkost Deine rechte Hand, Deinen rechten Arm. Deine Hände erreichen meine Brüste. Diesmal greifst Du nicht wild nach ihnen. Du läßt sogar die Finger aus dem Spiel. Deine Handflächen berühren zärtlich meine Brustwarzen. Ich stöhne, kuschel mich an Dich, Dein ganzer Körper gibt mir von hinten Wärme und Geborgenheit. Ich fühle mich wohl, bin entspannt durch diese Ruhe. Unsere Körper streicheln sich ganz langsam. Und immer noch kreisen Deine Hände über meine Mandelkerne.

Während Deine linke Hand weiter meine Brust betört, wandert die rechte weiter. Bis zu meinem Bauchnabel, umspielt auch ihn. Jetzt streichelst Du meine Hüfte, ganz langsam. Du weißt es, Du spürst es, und ich weiß es. Ich bin erregt, würde mich gerne umdrehen, würde gerne aktiv werden. Aber das ist nicht die Stunde der Wildheit, die liegen Stunden zurück. Dies ist die Stunde der Liebe ohne Phallus, dies ist die Stunde der Liebe, wie Frauen sie wohl machen. Deine linke Hand streichelt mich noch immer. Sanft faßt Du nach meinem Schoß. Ich stöhne auf und liebkose den Arm, der noch immer meine Brust streichelt. Immer noch in Deinem Schoß liegend, winde ich mich leicht. Nicht viel, gerade so, daß mein rechtes Bein über Deinem zu liegen kommt. Der Weg ist frei, ich habe ihn freigemacht. Deine rechte Hand schiebt sich weiter nach unten, nichts fordernd, nichts ankündigend, so als wolle sie sagen: «Ruhig Gaby, ganz ruhig». Brav wie ein Baby liege ich auf Deinem Schoß, in Deinen Armen.

Dein Mittelfinger teilt mich. Es ist mehr so ein Fallenlassen, er fällt auf SIE drauf, und SIE nimmt ihn auf wie eine Seeanemone etwas Sinkendes aufnimmt. Er versinkt in mir, taucht ein in ein neues Element. Kein neues unbekanntes Element, nein, er kennt sich hier aus. Er weiß, was er zu tun hat. Ich bleibe ganz ruhig liegen. Deine Fingerkuppe liegt auf IHR, liegt, kein Kreisen, kein auf und ab. Ich spüre ihn, bin wahnsinnig erregt. Er muß schon über eine Minute da liegen, ich werde immer erregter. Diese Hand, die meinen Busen streichelt und dieser Finger, der auf IHR liegt. Und dieser warme Rückhalt.

Nun tut sich was, der Finger bewegt sich. Viel zu langsam, oh diese stille Zärtlichkeit. Ein zweiter und dritter Finger kommen hinzu. Sie werden von Sturzbächen der Freude begrüßt, sie bringen das ersehnte Ende, den kleinen Tod.

Schlafen. Peter, so einschlafen und so wieder aufwachen.

:-xxx gaby

Ende Februar / Telegramm

Hexenkuss:	hui, manni, daß ich dich noch mal hier wiedersehe ;-) … <freu> …
Soonsawa:	gaby … ja, ich war lange nicht hier … viel zu tun :-(wie geht's dir denn … hmm, immer noch verliebt?
Hexenkuss:	hm, … schlimmer denn je :-(
Soonsawa:	(((((((((gabi)))))))))
Hexenkuss:	{{{{{{{{{manni}}}}}}}}}
Soonsawa:	hmm … und habt ihr euch inzwischen getroffen … richtig?
Hexenkuss:	NEIN … <schluchz> er will nicht … aber ein foto habe ich bekommen ;-)))
Soonsawa:	ich denke, euer treffen wird sich nicht vermeiden lassen
Hexenkuss:	das leben ist manchmal sooo schwer … das weißt du ja auch …
Soonsawa:	aaaach gaby … darfst dich nicht hinhalten lassen, das ist zu gefährlich … hm … freu mich so, daß es dich gibt
Hexenkuss:	und ich mich erst, daß es dich gibt! du bist mein allerbester freund, manni, außer peter natürlich … ;-)
Soonsawa:	wäre wirklich ganz toll, wenn wir uns mal alle treffen könnten
Hexenkuss:	manni, ich möchte das auch! ehrlich! warum ist das alles so?
Soonsawa:	hmm … ja, das ist echt eine gute frage, die man … oder besser wir … wahrscheinlich nicht beantworten können
Hexenkuss:	diese kälte rundherum tut so weh … manchmal könnte ich schreien
Soonsawa:	ach gaby … du hast es verdient, endlich glücklich zu sein!
Hexenkuss:	quatsch … ZUERST DU! … danach sehen wir weiter:-)
Soonsawa:	neeeeeeeeeeeein … ladies first
Hexenkuss:	aber ERST DU
Soonsawa:	nein … DU
Hexenkuss:	braunaugen müssen zuerst glücklich sein … du und bruni … peter hat auch braune augen … lachende ;-)

Soonsawa:	uiiii … unser erster streit ;-)… du bist was ganz besonderes …
Hexenkuss:	nein, DUUUUUUU
Soonsawa:	du kannst zwischen den zeilen lesen
Hexenkuss:	ach manni, das kannst du doch auch
Soonsawa:	hmm … danke gaby, wir sind halt sprachenbegabt
Hexenkuss:	sprachenbegabt??????????
Soonsawa:	die sprache des herzens ist manchmal schwer zu begreifen …
Hexenkuss:	wir sind nur MENSCHEN!
Soonsawa:	und die steht zwischen den zeilen
Hexenkuss:	ja, das ist wahr
Soonsawa:	die können nicht viele lesen
Hexenkuss:	!!!!!!!! weißt du, manche sind sich so fremd … auch wenn sie viele jahre zusammenleben … dein herzeleid verstehe ich so gut, manni, … ich spüre diesen schmerz auch … immer noch nach all den jahren, aber er kommt immer wieder … und dann braucht man einen freund …
Soonsawa:	aaaach gabi
Hexenkuss:	ich will nur sagen, ich bin bei dir ohne was zu wollen … einfach da als freund …zum reden und schmerz lindern
Soonsawa:	hmm, du bist … einfach … ein ganz wunderbarer mensch, du bist so lieb
Hexenkuss:	damals, als ich dich hier traf, begann eine wunderbare freundschaft
Soonsawa:	ja gabi … und ich bin so stolz darauf
Hexenkuss:	ICH AUCH!
Soonsawa:	<--- hält gaby ganz fest in seinen armen … wenn du die augen zumachst, spürst du es vielleicht sogar ein bissi … du bist ein wunderbarer mensch … wirklich, aber du mußt deinen peter dazu bringen, daß ihr euch trefft … du machst mir sorgen!
Hexenkuss:	ja, ich muß es? aber wie? ich kann ihn doch nicht unter druck setzen … dann verliere ich ihn ganz??

Soonsawa:	fahr hin und triff dich mit ihm ... ich werde an dich denken ... hmm, hab' grad mit dem kopf genickt
Hexenkuss:	und ich lächle dich unter tränen an ... die ganze zeit schon ...
Soonsawa:	ich weiß, gaby ... das merk ich doch ... es ist so schön, dir nah zu sein ... du, ich mache jetzt den laden zu und gehe im wald etwas spazieren ...
Hexenkuss:	erzähl mir im wald einfach alles ...
Soonsawa:	will sooo viel schreiben
Hexenkuss:	ich weiß ...
Soonsawa:	ja gabi ... das werde ich machen
Hexenkuss:	ich höre dir zu
Soonsawa:	will dir zuhören
Hexenkuss:	und dann erzählst du alles ... nee, heute bist du dran, ich halte dir die hand ...und du redest es dir von der seele, okay?
Soonsawa:	du bist viel zu kostbar, um einen grabstein für mich zu spielen, den ich anweinen kann ...
Hexenkuss:	ich werde für dich gern ein grabstein sein :-) ... ich bin nur eine seele, die dich versteht
Soonsawa:	das hast du lieb gesagt ...
Hexenkuss:	leid ist geteilt, wenn du es wegredest aus dem herzen ... und du hast mir schon so oft geholfen ...
Soonsawa:	hmm, ob man chronisches herzweinen so einfach heilen kann ...
Hexenkuss:	so einfach nicht ... aber splitter für splitter
Soonsawa:	achhhh duuuuu
Hexenkuss:	weißt du, es ist so kostbar ...
Soonsawa:	und wenn ich nur dafür leben würde, um dir zu helfen ... wüßte ich, wofür ich gelebt hab, gabi ...
Hexenkuss:	einen freund zu haben ...
Soonsawa:	basta
Hexenkuss:	hör auf, bitte hör auf, manni, ... es zerreißt mich ...
Soonsawa:	ach duuuuuuuuu

Hexenkuss:	sei nicht so lieb zu mir …
Soonsawa:	ich hab dich doch einfach nur lieb, … du hast es verdient
Hexenkuss:	jetzt sitzen wir hier und weinen … sind wir dumm …
Soonsawa:	drehen wir es einfach um … könnten doch die anderen dumm sein … hmm
Hexenkuss:	ja, sie sind es … arm sind sie und wir sind sooo reich …
Soonsawa:	oh ja … da hast du recht … siehst du gabi, kein grund zum weinen
Hexenkuss:	nein, kein grund
Soonsawa:	lachen wir über die anderen, die sollten weinen
Hexenkuss:	aber sie merken es ja nicht einmal … sie wissen gar nichts
Soonsawa:	ist vielleicht auch besser so … hmm
Hexenkuss:	ja
Soonsawa:	dann gäbe es nur glückliche menschen auf der welt ;-)
Hexenkuss:	komm, wir gehen jetzt, mach den laden dicht …
Soonsawa:	ja gabi … duuuuuuuu, ich denk an dich … und regle das mit peter … du gabi, wir passen auf den anderen auf, ja? … danke für den schönen nachmittag … ich mag dich …
Hexenkuss:	ich danke dir! … und du weißt … wir wissen …
Soonsawa:	ja gabi … entschuldige bitte …
Hexenkuss:	??
Soonsawa:	wenn ich gabi einmal mit i und dann mit y schreibe
Hexenkuss:	ach manni ;-), du könntest es mit adfhnoihandaqöy schreiben ;-))
Soonsawa:	hahahaha … das hast du lieb gesagt … danke … pfiat di, paß auf dich auf, gell? du bist nicht allein …
Hexenkuss:	danke dir … und bis bald
Soonsawa:	ja gabi … ich paß auch auf, auf uns … dich und bruni; peter und mich ;-) ach, gabi? warte noch … ich schick dir mal das programm «free-tel» als anhang in der nächsten mail*4.1., ja? …
Hexenkuss:	oh … was ist das?

Soonsawa:	du, da kannst du übers internet mit allen leuten telefonieren …
Hexenkuss:	telefonieren? Du meinst … richtig sprechen?
Soonsawa:	LOL … jaja, du denkst schon wieder an peter, gell? … aber ich habe heute mit einem aus alabama gesprochen … ist total genial …
Hexenkuss:	also einfach runterladen und installieren, ja? … was brauche ich noch? …
Soonsawa:	du brauchst ein mikro, ist aber nicht so teuer, ich glaube, so 30 DM umgerechnet …
Hexenkuss:	das sitzt noch drin …;-) … uii, du meinst, ich kann mit peter dann … online … richtig sprechen? …
Soonsawa:	LOL … ja, gabi, kannst du … und das tollste ist, …das geht zum ortstarif … du hast doch jetzt auch einen örtlichen provider, gell? … also, egal, wen du an der strippe hast … alles citytarif …
Hexenkuss:	oh manni … dann spare ich ja telekomgebühren … und … oh bitte schick es mir, ja?
Soonsawa:	<smile> … ja, liebes, ich helfe dir bei der installation, wenn du willst … aber ist ganz leicht …
Hexenkuss:	danke {{{{manni}}}}, bist so lieb …
Soonsawa:	so, jetzt muß ich aber … bussi und pfiat di, gaby …
Hexenkuss:	BUSSI :-) … pfiat di ;-)

Thema:	**LEBEN …**
Von:	**Soonsawa**
An:	**Hexenkuss**

liebe gaby, das wollte ich noch sagen: …

> Life isn't about keeping score.

> It's not about how many friends you have or how accepted you are.

> Not about if you have plans this weekend or if you're alone.

> It isn't about who you're dating, who you used to date, how many people you've dated, or if you haven't been with anyone at all.

> It isn't about who you have kissed.

> It's not about sex.

> It isn't about who your family is or how much money they have or what kind of car you drive or where you are sent to school.

> It's not about how beautiful or ugly you are or what clothes you wear, what shoes you have on, or what kind of music you listen to.

> It's not about if your hair is blonde, red, black, or brown or if your skin is too light or too dark.

> Not about what grades you get, how smart you are, how smart everybody else thinks you are, or how smart standardized tests say you are.

> It's not about what clubs you're in or how good you are at «your» sport.

> It's not about representing your whole being on a piece of paper and seeing who will «accept the written you.»

Gaby, YOU know, … LIFE JUST ISN'T.

> But, life is about who you love and who you hurt.

> It's about who you make happy or unhappy purposefully.

> It's about keeping or betraying trust.

> It's about friendship, used as a sanctity or a weapon…

> It's about what you say and mean, maybe hurtful, maybe heartening.

> About starting rumors and contributing to petty gossip.

> It's about what judgments you pass and why. And who your judgments are spread to.

> It's about who you've ignored with full control and intention.

> It's about jealousy, fear, ignorance, and revenge.

> It's about carrying inner hate and love, letting it grow, and spreading it.

But most of all, it's about using your life to touch or poison other people's hearts in such a way that could have never occurred alone.

**Only you choose the way those hearts are affected,
and those choices are what life's all about.**

… *in aufrichtiger Freundschaft,*

Manni :-)

In Manni hatte ich wirklich einen guten Freund gefunden, der mir sehr vertraut geworden war im Laufe der Zeit. Ich spürte seine Probleme, er litt fürchterlich und konnte mit niemandem sprechen. Doch, mit seiner Bruni. Gut, daß er sie hatte. Die beiden liebten sich wirklich!

Neulich hatte ich Mannis Geburtstag zusammen hier am Rechner mit ihm gefeiert. Seinen Fünfundvierzigsten! Es war Mitternacht, und er feierte nicht etwa im Kreise seiner Familie oder Freunde, nein! Wir beide trafen uns hier, als ich eine Geburtstagsmail an ihn abschicken wollte, und dann haben wir hier am Rechner zusammen gefeiert. Seine Bruni kam erst später, sie hatte noch Besuch daheim, und wir beide hatten schon ziemlich viel getrunken bis dahin. Ich kannte dieses Gefühl so gut, allein zu sein. Ob an Geburtstagen, zu Weihnachten oder auch zum Jahreswechsel. Noch viel furchtbarer aber mußte es sein, wenn eine Familie existent war, in der man(n) sich dann eben doch so allein fühlte, daß man um Mitternacht vor einem Computer hockte.

Viele Hunderte von Kilometern lagen zwischen uns, doch das und auch die Tatsache, daß wir uns nicht persönlich kannten, tat unserer Freundschaft keinen Abbruch! Wir hatten ja schon früher mal Fotos ausgetauscht, telefonierten von Zeit zu Zeit und waren einfach füreinander da, wenn es dem anderen mal schlecht ging. Inzwischen hatte ich Bruni auch online kennengelernt, und sie war wirklich eine herzensgute Frau. Wenn Bruni und ich uns «real» begegnet wären, dann hätten wir sicher manchen Abend zusammengehockt und uns viel zu erzählen gehabt. Sie hatte Verständnis für meine Sorgen und Nöte, ich für die ihren. Ich mochte sie sehr! Eines Tages würde alles gut werden für die beiden, ich war ganz sicher!

Doch in bezug auf Peter hatte Manni recht. Ich mußte handeln, wollte ich nicht die nächsten Monate immer noch einer Liebe hinterherweinen, die es vielleicht in der Realität gar nicht gab.

Übrigens hatte ich mir Johns Rat zu Gemüte geführt, es hatte tatsächlich keinen Sinn, hier eine Art «Kummerecke» aufzumachen. Die User, die ich täglich online traf, erzählten, na ja, tippten mir so unfaßbare Familienkonflikte, daß ich als Privatperson schon damit manchmal völlig überfordert war. Probleme hatte wirklich fast jeder, und ich weiß nicht warum, aber mir vertrauten sie sich alle an. Viele ließen mich wissen, ich habe eine «erfrischende» Art, mich mitzuteilen und eine exzellente Befähigung zum Zuhören. Nun, Zuhören ist ja auch nicht richtig, zum Lesen halt, aber ganz im Ernst, es machte mit den wirklich wichtigen Gesprächspartnern keinen Unterschied, ob man sich kannte oder nicht. Eher im Gegenteil. Schriftlich kamen so oft Gedanken und Gefühle über den Monitor, die man vielleicht gar nicht in Worte würde fassen können, säße man sich real gegenüber. Hemmschwellen gab es online einfach nicht. Ich merkte es ja an mir selbst.

Nicht zuletzt die Komplimente meiner Gesprächspartner nahm ich zum Anlaß, mich doch bei AOL als Scout zu bewerben. Es wurde gerade jemand gesucht für einen im Aufbau befindlichen Bereich, «Edutainment». Alles, was mit Studium und Beruf zu tun hat, sollte in diesem Bereich für jedermann zugänglich sein. Meine Tätigkeit in dem Uni-Institut würde mir dabei sicher zugute kommen, also schrieb ich eine Bewerbung per E-Mail. Für AOL tätig sein zu dürfen, darin sah ich eine Herausforderung und Zukunft. Vielleicht würde ich eines Tages nie mehr ins Büro gehen und konnte einen Fulltime-Job am Rechner übernehmen?

Na, warten wir's mal ab.

Das Programm «FreeTel» hatte ich mir installiert, und es war wirklich atemberaubend. Ich konnte mit Japanern – na ja, wenn ich gewollt hätte – und Amerikanern, Dänen, na, mit der ganzen Welt richtig telefonieren über das Internet, und das alles zum Ortstarif. Neulich hatte ich einen Bob aus Vancouver in der Leitung, und ich hörte ihn tatsächlich so deutlich, als säße er direkt neben mir. (Wie das Telefonieren zum Ortstarif übers Internet genau geht, ist im SmartBook «Webphoning & Netfax» ausführlich beschrieben.)

Thema:	**aufwachen? …**
Von:	**Hexenkuss**
An:	**PierreBN**

grüß dich, peter …

bezüglich einiger veränderungen in meinem leben und der einstellung zu demselben möchte ich ein persönliches gespräch unter vier augen mit dir führen.

ich kann und darf nicht weiterhin (gefühls)opfer einer «traumwelt» sein, … und ich bin mir sicher, du verstehst das! du hast es immer gut gemeint, und letzten endes sind es deine eigenen worte, daß ich realität und phantasie manchmal durcheinanderbringe!

um das nun nicht noch weiter hinauszuschieben, werden wir also endlich vernünftig. ich schlage vor, daß ich am …

dienstag, den 04. März 1997 gegen 19 uhr

zu dir nach köln komme.

sollte dir der termin nicht zusagen, nenn' mir bitte einen ausweichtermin beziehungsweise eine andere uhrzeit. dieses mal bitte ohne ausflüchte, ohne wenn und aber! du weißt, dieses gespräch ist überfällig.

ob ich zu dir nach hause kommen soll oder in deine firma, überlasse ich dir und erwarte deinen diesbezüglichen vorschlag.

schönes wochenende,

:-xxx gaby

Na, so massiv war ich überhaupt niemals zuvor gewesen, aber was sollte ich tun? Von seiner Seite kam nichts, daran würde sich so ohne weiteres auch nichts ändern, das war mir klar. Dafür war inzwischen zu viel Zeit vergangen. Egal, wie es ausgeht, wir beide jedenfalls würden Klarheit haben, ob wir noch «auf einem gemeinsamen Weg» waren oder ob es diesen niemals gegeben hatte, außer in meiner Phantasie natürlich.

Vierundzwanzig Stunden hörte ich nichts von Peter.

Kein Wort. Doch dann, morgens um sechs:

… «Sie haben Post» …

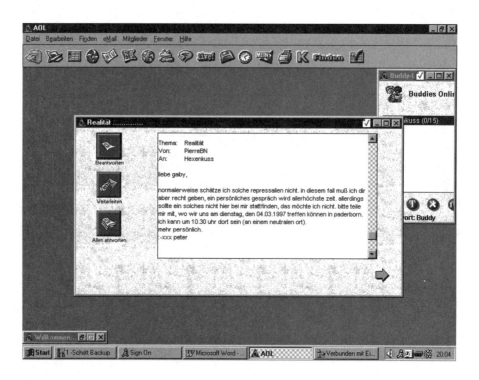

Wo war seine Erotik geblieben? Seine Kosenamen für mich, seine Zärtlichkeit? Alles war plötzlich wie weggeflogen, und diese Zeilen erschienen mir eher wie eine geschäftliche Terminabsprache, aber nicht wie die freudige Erwartung, endlich seine Online-Liebe kennenzulernen.

Ich kam ihm zu nahe, ich spürte es. Das war das, was er nicht gewollt hatte. Ein bißchen Spaß vielleicht, aber bloß nicht jemanden zu nahe kommen lassen? Gefühle hinter einem Monitor ausleben, Peter?

Mein Herz schlug mir bis zum Halse. Wie lange kannten wir uns nun? Es waren mittlerweile über dreizehn Monate. Ich mochte diesen Mann so sehr, und meine Versuche, mich mit dem Verstand dagegen zu wehren, waren auf der Strecke geblieben. Würde dieses bevorstehende Treffen meinen Traum nun beenden?

Als Treffpunkt schlug ich Peter den Parkplatz vor einem Bistro in Paderborn vor, von dem ich wußte, daß morgens dort kaum Publikumsverkehr sein würde. Schließlich wollte ich ungestört mit ihm reden, und letzten Endes rechnete ich nun damit, daß er mir vielleicht «die Leviten» lesen würde, weil ich nicht locker ließ und nicht alles als «Spaß» hatte ansehen können. Nein, ich glaubte immer noch an seine Worte. Er oder auch ich konnten das doch nicht alles nur geträumt haben???

Online sah ich Peter nur einmal noch ganz kurz vor dem verabredeten Treffen, und er teilte mir nur kurz mit, daß er sich freue.

Na, und ich erst!

Dienstag, 04. März 1997

Punkt zehn Uhr dreißig rollte der schwarze Mercedes-Kombi auf den Parkplatz, und ich tat so, als sei ich gerade erst angekommen, obwohl ich doch seit über fünfzehn Minuten schon da war und drei Zigaretten hintereinander geraucht hatte. Er stieg aus, winkte mir kurz zu und öffnete sogleich den Kofferraum, um seinen Jagdhund rauszulassen, den er wohl vorsichtshalber als seinen Bodyguard mitgebracht haben mochte.

Dann endlich der erste Händedruck, freundliches Lächeln, Smalltalk, unverbindlich, nett. Keine Umarmung! Ich war kurz davor, ihn einfach – äußerlich scheinbar unbefangen – in den Arm zu nehmen, doch irgend etwas Unerklärliches ließ es nicht zu. Knisternde Atmosphäre, lautes Herzklopfen, und ich wendete meine Aufmerksamkeit schnell seinem Hund Braymour zu, nicht zuletzt, um meine Aufregung in den Griff zu bekommen. Braymour war wesentlich zugänglicher als Herrchen. Nun ja, zumindest küßte er mich spontan und wedelte sogar mit dem Schwanz...

Erwartungsgemäß waren wir die einzigen Gäste im Bistro, und wir versuchten beide, unsere deutlich spürbaren Hemmschwellen endlich zu überwinden. Wir unterhielten uns unverbindlich, bedienten uns am Frühstückbuffet, das heute nur alte, aufgebackene Brötchen hergab, und Peter bestellte den Kaffee.

Das war er nun also. Mein Peter! Verstohlen schaute ich ihn immer wieder an. Oh, diese Augen waren mir so vertraut inzwischen. Wie oft hatte ich sein Foto schließlich angesehen in den letzten Wochen? Sie lachten tatsächlich, strahlten «live und real» eine Wärme und Herzensgüte aus, die mich schon seit langer Zeit in seinen getippten Worten immer so in den Bann gezogen hatte.

Nicht nur ich war nervös, aber Peter versuchte bravourös, seine Nervosität zu verbergen, indem er fortdauernd – statt mich – seinen ihm zu Füßen liegenden Hund liebevoll streichelte, was ich schließlich dann auch tat.

Wenn jemand überhaupt jemals Worte erfunden haben mag für dieses Gefühl, diese Spannung, diese Wärme und Vertrautheit, die ich in Peters Nähe an diesem Morgen empfand, dann fallen sie mir nicht ein. Unbeschreibbar.

Nach dem ersten Kaffee schließlich wurden wir beide etwas lockerer, lachten zusammen, und seine Augen schauten mich wahnsinnig lieb an. Aber ich denke, das war nicht von seinem Verstand gesteuert und ihm eher peinlich und/oder unbewußt. Gesehen aber hatte ich's ja trotzdem ;-).

Was wir geredet haben, was wir gefrühstückt haben, ich weiß es nicht mehr. Es lief wie hinter einem dicken Vorhang ab, wie in einem Film. Jedenfalls sind wir nicht dazu gekommen, über **uns** zu reden. Oder nur am Rande. Auf der Damentoilette schluckte ich die zweite Herztablette dieses Tages. Mein Herz wollte einfach nicht aufhören zu schnell zu schlagen.

Ob Peter wohl enttäuscht von mir war? Ich hätte so gern seine Hand genommen, ihn gestreichelt, ihn in den Arm genommen, ihn geküßt und mich in seinen Armen wohlgefühlt. Aber nichts. Im Gegenteil, wir beide schienen jede, aber auch wirklich jede Form von Berührung geradezu mit einer peinlichen Aufmerksamkeit vermeiden zu wollen, was uns leider auch gelang.

Nach gut zwei Stunden, die mir wie höchstens zehn Minuten vorgekommen waren, brachen wir auf, da Peter noch einen Termin bei einem Kunden wahrzunehmen hatte. Wir schlenderten gemeinsam zum Auto, Braymour brav und immer noch schwanzwedelnd an unserer Seite.

Peter dagegen sah man die Freude nicht unbedingt so an, aber wir Menschen sind ja auch viel diplomatischer als Hunde. Die Verabschiedung verlief ebenfalls «geschäftsmäßig». Ein fester Händedruck mit lang ausgestreckten Armen, ein Lächeln, Floskeln wie «schön, daß wir uns endlich kennengelernt haben».

Wäre er jetzt einen einzigen Schritt nähergekommen, hätte ich ihn für den Rest meines Lebens nicht mehr losgelassen. Ich glaube, das empfand und spürte er ebenso und ... kam nicht näher.

Autotüren schlugen zu, Motoren brausten auf.

«Bis bald, mein liebster Peter, bis bald ...»

Aber das hörte er natürlich schon nicht mehr, weil er vor mir schon vom Parkplatz brauste. Er schien in Eile zu sein. Hupen, kurzes Winken, das war's!

Nach über dreizehn Monaten war ich heute dem Mann begegnet, den ich «umgekehrt» hatte kennenlernen dürfen. Sein Innenleben zuerst und vielleicht sogar besser als manch andere(r), danach erst heute seine Hülle.

Und ich muß sagen, beides gefiel mir außerordentlich gut und erregte mich schon ziemlich.

Telegramm – IM – 05-03-1997 / 04:17 PM

PierreBN	hallo, meine liebe ;-)
Hexenkuss:	hallo :-))) … gut heimgefunden?
PierreBN	war kein unlösbares problem, den heimweg zu finden … ;-)
Hexenkuss:	ohgott, peter, ich hab dich gar nicht richtig angesehen gestern :-(… na ja, nicht wie du jetzt denken magst … LOL … <blush> …
PierreBN	aber ähnlichkeiten mit dem foto hast du doch feststellen können ? ;-) …
Hexenkuss:	dachte gerade so, als ich dein foto betrachtete … ja ;-) aber damals auf dem foto warst du etwas voller und die brille fehlte und … ohdugutegüte …
PierreBN	die brille ist das, was am leichtesten zu verändern ist …;-)
Hexenkuss:	ach ja? ;-) nein, sie steht dir ja gut, und die augen erkennt frau sehr wohl auch hinter der brille :-) … hattest du eigentlich deinen schnäuzer gestern noch? oh peter ;-)
PierreBN	ich glaub schon …
Hexenkuss:	ist schon komisch, gell?
PierreBN	ob komisch der richtige ausdruck ist?
Hexenkuss:	na ja … wir wissen, denke ich …
PierreBN	ja, wissen wir …!!!!!
Hexenkuss:	du, peter, auch wenn wir uns nicht … na ja … in den arm … trotzdem waren wir sehr nah, oder?
PierreBN	das fragezeichen kannste weglassen!!
Hexenkuss:	und deinen hund liebe ich auch :-))
PierreBN	der hat deinen hundekuchen aber verschmäht … weiß halt nicht, was gut ist …;-)
Hexenkuss:	ich nehm dich jetzt einfach feste in den arm, HIER geht es … ohje … braymour hat's nicht gefressen? … kein gutes zeichen :-(
PierreBN	solltest manche dinge nicht überbewerten … ;-)

Hexenkuss:	heitere gelassenheit, gell? … er vergräbt ihn, wetten? dann ist er besonders kostbar :-)
PierreBN	wahrscheinlich wird der gute wieder mal das blumenbeet zum hundekuchengrab erwählen ;-)
Hexenkuss:	noch viel zu tun heute?
PierreBN	ja … ich will nicht sachlich ausweichen … aber ich muß noch zu einem kunden … wir können ja morgen mal wieder über free-tel miteinander …
Hexenkuss:	ohhimmelhilf … ja, okay … LOL … wir machen's morgen übers free-tel, peter … LOL … na dann :-(
PierreBN	du bist eine … einen schönen abend wünsche ich dir! ciao! danke! … :-xxx
Hexenkuss:	schlaf schön heute … :-xxx

Thema:	zur weiterleitung an braymour - BITTE VORLESEN -
Datum:	06-03-1997 02:12 MEZ
Von:	Hexenkuss
An:	PierreBN

mein lieber braymour :-)

na, weißt du noch, wer ich bin? hast du deine empörung über mich dadurch zum ausdruck gebracht, indem du meinen hundekuchen nicht nehmen wolltest? hab's doch nicht schlecht gemeint mit dir!!

<bitte braymour liebevoll an den ohren kraulen beim vorlesen>

braymour, ich habe gestern noch ganz schnell saftige schmackos mit rind für dich besorgt (die in der rot-braunen tüte), und ich verspreche dir aufrichtig, das nächste mal (falls du mich überhaupt jemals wiedersehen möchtest) werde ich die bei mir haben und dir keinen hundekuchen reichen, den du nicht magst :-).

<bitte ein probeschmacko reichen beim vorlesen>

weißt du, dein herrchen und ich sahen uns gestern ja das erste mal. du hast ja gesehen, wie nervös wir waren, stimmt's? dein hundeherz hat sicher laut gelacht, wie dumm sich die menschen anstellen, wenn sie sich liebhaben und das nicht ausdrücken können. und hast du diese hilflosigkeit gesehen, wenn sie sich gegenüberstehen? ;-). jaja, lach nur ;-) – ... na ja, zumindest mir wirst du es angerochen haben. was dein herrchen dir auf der fahrt zu mir (und vor allem auf der fahrt richtung hundeheimat) erzählt hat, weiß ich ja nicht, du hast ja sehr diskret geschwiegen. ist kein vorwurf, braymour, so gehört es sich ja auch :-)

<bitte braymour liebevoll zusprechen beim vorlesen>

ja, ich habe es gesehen, du hast mich ganz schön ausgelacht und mächtig mit deinen ohren gewackelt ;-).

aber halte mir bitte zugute, daß ich erstens nur ein menschenweib bin und mich zweitens so furchtbar auf dein herrchen gefreut habe (ich verlasse mich darauf, daß du es ihm niemals sagst, das wäre menschenundiplomatisch! hundeehrenwort?), daß meine verlegenheit noch ziemlich harmlos war :-) ... LOL ... weil, na ja, es hätte nämlich noch viel schlimmer kommen können. zum beispiel so wie ich es die nacht vorher geträumt hatte. nämlich, daß ich gestolpert wäre oder den kaffee verplempert hätte oder eine riesenlaufmasche plötzlich den strumpf runtergelaufen oder ich ins stottern gekommen wäre. du, mir gingen so viele gedanken (erotische und ziemlich konfuse) durch den kopf bei diesem treffen mit deinem herrchen und dem gespräch, du hast sie ja erraten, ich weiß ja.

nun, ich will dich nicht langweilen, deshalb komme ich mal einfach auf den punkt, einverstanden?

weißt du, braymour, ich liebe euch hunde über alles, und ich weiß, das hast du natürlich – trotz meiner vielen fehler – gemerkt. deshalb fände ich es toll, wenn wir uns wiedersehen würden und ein bißchen spaß haben könnten. ich würde mit dir durch wälder laufen und dir alles zeigen (falls du lust dazu hast), oder wir gehen zusammen jagen, schwimmen, tauchen, was immer du dir wünscht. und erst, wenn du dann müde bist, dann kümmere ich mich liebevoll um dein herrchen, werde ihn verwöhnen, ihn streicheln und liebkosen (und du hörst und siehst dann nicht hin, versprochen?), werde seine tiefe sehnsucht wecken und unsere träume mit ihm ausleben, die so parallel sind, so daß er am anderen tag wieder für dich da sein kann, leistungsfähig (na ja <grins>), stark, losgelöst und vor allem glücklich :-)

weißt du, manchmal braucht er eben auch jemanden, der ihm zuhört, seine sorgen teilt und der alles durch ein bißchen verständnis und hingabe erträglicher macht. das ist ganz normal, da geht es ihm so wie mir.

sag selbst, ist das kein verlockendes angebot? niemals mehr wird er dich «am tag danach» zurechtweisen oder ein nörgelndes wort zu dir sprechen, das kann ich dir in die pfote versprechen :-)

<bitte zweites schmacko reichen beim vorlesen>

hm, na ja, die sache hat nur einen haken. einen kleinen, klitzekleinen ;-)

weißt du, ich darf dein herrchen nicht so direkt fragen, was er denkt über mich, welchen eindruck er hatte, ob er mich vielleicht gar nicht mag oder doch, was so in seinem herzen vorgeht und was in seinem weisen köpfchen. seine lachenden braunen augen kennst du ja noch viel besser als ich, und … na ja, ich kann's dir eh nicht verheimlichen, … sie haben mir schon sehr gefallen :-))

braymour, bitte hör sofort auf zu gähnen :-))

du weißt, wir menschen sind nicht so schlau wie ihr hunde. bevor wir uns streicheln, müssen wir gewisse verhaltensregeln einhalten, auch wenn sich die herzen entgegenschreien. so ist das mit uns zweibeinern nun mal. ich weiß, **ihr** lauft einfach aufeinander zu. zum beispiel, wenn du einer hundedame begegnest, die du magst. bei euch ist das so herrlich unkompliziert, und ich beneide dich sehr darum!

aber vielleicht können wir ein kleines abkommen treffen, ... du und ich? von hund zu mensch?

hm, also, wenn du mit deiner schlauen art deinem herrchen zuflüstern würdest (irgendwann, wenn die gelegenheit mal günstig ist und ihr alleine seid), daß du mich von hundeherzen gern mal wiedersehen möchtest!! hm, na ja, ich bin eigentlich sicher, daß dir dein herrchen kaum einen wunsch abschlagen kann. du mußt ihn nur **sehr lieb** dabei anschauen und deinen kopf ein bißchen schrägstellen.

nimm ihm ganz einfach nur die angst. nicht diese phrasen soll er dir erwidern wie «erwartungshaltung» und diesen ganzen menschenkäse. unterbrich ihn sofort, wenn er damit anfangen will. sag ihm, das sei anderes bei ihm und mir, sag ihm, er solle sein herz mal sprechen lassen, nicht seinen verstand. träume für einige augenblicke wahrmachen. für ihn, für dich und, na ja gut, auch für mich ;-)). zur not kannst du ja noch ein bißchen winseln dabei, das überlasse ich aber ganz deinem gesunden hundeverstand. abgemacht?

halt, ... eins noch, braymour.

wenn dein herrchen dir aber dann sagt, daß er das nicht will, dann gibst du nach, okay? NEIN, **nicht sofort, um gottes willen!** aber dann letzten endes doch!! aber hundeehrenwort, nur, wenn wirklich NICHTS auszurichten ist bei ihm. dann können wir ihm (und uns) eben nicht helfen, braymour. aber dennoch: wir beide tun nichts, was er nicht auch selbst wirklich will, okay? wir akzeptieren herrchens eigene wünsche immer und ohne ausnahme, ja?

na ja, anschubsen und anstupsen könntest du ihn dann und wann mal mit deiner wunderbar feuchten, kalten hundeschnauze und ihn an mich erinnern ;-) ... würdest du das für uns tun?

< bitte streicheln beim vorlesen, bis er heftigst mit dem schwanz wedelt>

also, ich drücke uns dreien die daumen :-)

ein herzliches «wau», und bitte richte deinem herrchen einen lieben gruß aus (ans bein kuscheln dabei) seid beide lieb geknuddelt und hinterm ohr gekrault :-)

ach ja, braymour: danke fürs zuhören :-))

deine gaby

<bitte braymour ganz lieb über den ganzen körper streicheln, er hat es sich nun redlich verdient>

Thema:	**hundegebell…**
Datum:	**07.03.1997…14:16 MEZ**
Von:	**PierreBN**
An:	**Hexenkuss**

ugjgjkm,höhhifdghml—bnvbfdl.ln.jöl-jlöjm.-äpöui78dtxy hkhhkl…

so sähe es aus, wenn braymour selbst die tasten unter die pfote nehmen würde, also greift herrchen ihm hilfreich unter dieselben und bringt zu computer, was hundepfote oder -schnauze nicht so recht schaffen.

braymour läßt folgendes durch mich übermitteln:

dein angebot, das hundeleben in allen bereichen zu versüßen, klingt ungeheuer verlockend und hundemäßig verursacht das natürlich heftiges schwanzwedeln. auf der heimfahrt habe ich mit herrchen alle aspekte erörtert, und natürlich wecken diese aussichten auf schmackos noch mehr erwartungen.

menschen können ungeheuer dumm sein, auch wenn sie diese dummheit mit überlegung, konventionen, rücksichtnahmen und lauter solchen umschreibungen rechtfertigen wollen. auch mein herrchen macht immer wieder den versuch, die einfachen dinge so noch schwerer zu machen, als sie ohnehin schon sind. auch wenn ich den hundekuchen verschmäht habe, so war das natürlich nur tarnung: er wie du haben mir sehr gefallen, ich wollte es nur – das sind nun fast menschliche züge an mir – nicht gleich so zugeben. ob herrchen der hundekuchen gefallen hat, hat er mir nicht gesagt. daß du ihm sehr gefallen hast, hat er mir aber schon verraten.

dumm, daß er dir das nicht direkt gesagt hat. besser wäre es sicher auch gewesen, wenn er dich mal in den arm genommen hätte und die anderen sachen gemacht hätte, die ihr menschen so veranstaltet. aber – von hund zu mensch gebellt – er ist halt so.

machmal ist er einfach zu vorsichtig. das hängt wohl damit zusammen, daß er keinem weh tun will und auch keine erwartungen wecken will, die dann nicht zu erfüllen sind. es gibt da auch wieder ein frauchen, das hin und wieder zum toben da ist. mein herrchen hat da schnell ein schlechtes gewissen, wenn er einfach zu diesem frauchen sagt, sie dürfe nicht mehr mit mir spazierengehen und all die anderen schönen sachen wären auch vorbei. vielleicht weißt du, wie solche situationen einen menschen belasten können.

mir hat herrchen nicht gesagt, ob es da einen ausweg gibt. wahrscheinlich kennt er ihn selbst nicht. deine schmackos und all das andere locken sehr. ich weiß nicht, ob du sie noch aufheben kannst? … eigentlich weiß ich gar nichts.

diese menschen sind eben so schwer zu verstehen. da haben wir hunde es doch viel einfacher. wir schnüffeln und finden jemanden einfach ganz toll … so wie ich dich gestern. wir fänden dann sicher auch eine lösung, liefen halt einfach los und wedelten mit dem schwanz. menschenmänner können das wohl nicht so einfach und – na ja – es sähe ja auch komisch aus.

schade, daß schöne sachen so schwierig sein können und schmackos so schwer zu kriegen sind. ich versprech dir, mein herrchen mit meinen treuen hundeaugen ganz lieb anzuschauen, so wie ich dich jetzt gern anschauen würd'.

ich drück mich mal ganz fest an dein bein, meine schnauze magst du sicher nicht woanders spüren…

tschüß,

dein braymour :-)

Was hieß das denn nun?

War das nun eine klare Absage?

Oder Hoffnung auf ein Später, weil es im Moment eben nicht ginge?

Mutlosigkeit verdrängte meine Hoffnung, die sich so in mir festgebrannt hatte. Hoffnung worauf? Mir war gar nicht ganz klar, was ich überhaupt suchte. Eine gut funktionierende Partnerschaft vielleicht oder eher einfach einen Menschen, dem ich mich mitteilen konnte? Alles was ich mir wünschte, war ein «lebendiger» Mensch, der da war, der einfach da war. Einen, der zu mir stand und mich so akzeptierte, wie ich war. Und der mir ein paar Streicheleinheiten geben würde, ehrlich gemeinte Streicheleinheiten, ein Gefühl der Wärme, das ich erwidern durfte. Ein Gefühl, so wie ich es bei unserem Treffen gespürt hatte. Nähe, uneingeschränktes Vertrauen und die Gewißheit, einen zuverlässigen Menschen an meiner Seite zu haben, der mich nicht wieder verlassen würde, wenn es mal hart auf hart kam.

Andererseits war Peter nicht frei, er hatte es mir ja nicht verschwiegen. Was wäre, wenn ich «sie» wäre? Ja, ich konnte ihn verstehen, und es mag merkwürdig klingen, aber ich liebte ihn letzten Endes gerade dafür, daß er nicht leichtfertig alles hinter sich ließ, um in eine neue Beziehung, ein neues Risiko zu starten, umso mehr. Wie heißt es doch so schön? *Never change the running system*? Wenn wir alle so dächten, bräche diese Welt zusammen. Dennoch mag diese Einstellung die ungefährlichste sein, zugegeben.

Die Verwirklichung unserer Liebe würde den Schmerz und den Kummer einer anderen Frau bedeuten. Gute Freunde sagten mir mal, ich müsse auch endlich mal an mich denken, nicht immer Rücksicht nehmen. Leicht gesagt.

War ich einem Irrtum aufgesessen? Gab es tatsächlich niemals einen «gemeinsamen Weg»? Was aber hatte er sich dann nur davon versprochen, als wir uns hier online trafen und gemeinsam träumten? Hatte ich mir alles wirklich nur eingebildet und war dem Glauben an die Ehrlichkeit seiner liebevollen Worte aufgesessen? Nein, ich hatte ihn «gespürt», und ich wußte, er mochte mich auch sehr. Er hatte es mir so oft gesagt und bat mich, ihm zu glauben. Ja, ich glaubte ihm!

Alles, was ich suchte, war doch nur ein bißchen Glück. Nicht nur für mich allein. Doch hinterfragte ich mich dann ernsthaft, was das denn eigentlich sei, kam ich immer wieder auf meine Zeilen zurück, die ich neulich einem Menschen schrieb, der sich bei mir beklagte, er sei vom Unglück verfolgt:

Glück ist wie eine Wolke ...
Bewußt weit weg, ändert sie ständig ihre Form
und ist niemals die, die sie eben noch war.
Wir können sie ansehen oder wegschauen,
sie in Erinnerung behalten oder vergessen.
Sie ist meistens da,
und trotzdem erreichen wir sie nicht!
Und wenn wir ihr dann entgegenfliegen
und doch nach ihr greifen,
zerrinnt sie uns zwischen den Fingern ...
... und löst sich auf in ein Nichts ...

Sonntags war es schon längst zur Gewohnheit geworden, um 21 Uhr am sogenannten «Juristenstammtisch»[*26] teilzunehmen. Online versteht sich. Hier traf sich der «harte Kern» des Forums, aber auch immer wieder neue Rechtsanwälte, Rechtsberater, ReNo-Gehilfinnen, Rechtsreferendare, Polizisten und Unternehmer stießen dazu. Natürlich aber auch ganz allgemein am Thema Recht interessierte Teilnehmer, so wie ich. Juristische Themen wurden beim Stammtisch zum größten Teil vermieden oder nur gestreift, das war den Konferenzen am Mittwoch und der Online-Fragestunde mit einem Rechtsanwalt am Donnerstag vorbehalten. Beim Stammtisch hingegen wurde meist Small-Talk gehalten, und ich lernte etwas dazu, das ich niemals für möglich gehalten hatte:

Juristen sind ein trinkfestes Volk und haben einen wunderbaren, versteckten, trockenen Humor!

Hoffentlich handle ich mir mit dieser ganz persönlichen Erfahrung und schriftlichen Äußerung nun keine Klage wegen übler Nachrede ein ;-)

Meist hatte ich gegen 21 Uhr sonntags einen bereits entkorkten Bocksbeutel Frankenwein neben mir am Rechner stehen, denn oftmals dauerten diese «Sitzungen» bis zum frühen Morgen, es kam halt ganz auf die Stimmung an. Open End. Mein Peter nahm an diesen Treffen leider nie teil, am «Recht» und an juristischen Themen war er wohl nicht so sehr interessiert oder hatte sonntags andere Dinge zu erledigen.

Aber Jürgen, Pia und Boris waren regelmäßig dabei, und wir waren einander durch zahlreiche Online-Gespräche und E-Mails bereits in der Vergangenheit näher gekommen, hatten richtig Freundschaft geschlossen und mochten uns sehr. Wir beschlossen, uns in absehbarer Zeit unbedingt persönlich kennenzulernen. Zwischen Pia und Boris spielte sich vor unser aller Augen oftmals ein knisternder, äußerst sympathischer Schlagabtausch ab. Sie neckten und zankten sich, flirteten aber im nächsten Moment schon wieder. Beide wohnten «im richtigen Leben» nur ungefähr zwanzig Kilometer voneinander entfernt, so daß ich beiden jeweils in Unkenntnis des anderen per E-Mail schrieb, wie nett der/die andere doch sei und wie erfrischend sie immer wirkten, wenn sie gemeinsam online waren. Ein bißchen nachhelfen wollte ich halt, sie schienen wirklich hervorragend zueinander zu passen.

Nach einigen Wochen lernten sich Pia und Boris bei einem der regelmäßig veranstalteten «User-Treffen» dann auch endlich persönlich kennen, und als sei es eine Ahnung von mir gewesen: sie mochten sich tatsächlich.

Nachdem sie schon eine ganze Weile befreundet waren, beschlossen wir, ihre Verlobung online zu feiern. Schließlich durfte man sich solche (realen) Anlässe, an denen wir anderen aufgrund der zwischen uns liegenden Entfernungen nicht teilhaben konnten, online nicht entgehen lassen. So konnten die beiden ihre Verlobung schon eimal ein bißchen üben, wer hat dazu schon im «richtigen Leben» Gelegenheit?

Immer wieder las man mal von sogenannten «Online-Hochzeiten», die ich aber bisher eher belächelt hatte und was für mich persönlich niemals in Frage gekommen wäre. Damit spaßt man meiner Ansicht nach nicht. Aber wie gesagt, etliche User sahen das anders; vielleicht konnten sie solche Online-Verbindungen mit der heiteren Gelassenheit sehen, die mir wohl immer noch fehlte. Ich wünschte mir «reale Liebe». Aber so eine Verlobung, zumal sie «live» bald auch stattfinden würde, das hatte seinen gewissen Reiz.

Also schrieb ich an Jürgen, einen Rechtsreferendaren aus Düsseldorf, der auch zu den Stammgästen des Forums Recht zählte und eine sehr sympathische Art an den Tag legte. Wir hatten schon oft miteinander telefoniert, und zwischen uns war nach anfänglichen Schwierigkeiten ein sehr ehrlicher, aufrichtiger Umgang entstanden. Wenn ich doch nur mit Peter so sprechen könnte! Aber falls dieser mal anrief, was immer noch höchst selten und nie ohne triftigen Grund vorkam, dann rang ich nach Worten, die mir meist in der Kehle stecken blieben. Ich konnte einfach nicht richtig locker sein bei ihm. Oh Gott, ob es sich tatsächlich «erledigt» hatte zwischen uns? Nein, ich würde ihm die nächsten Tage noch einmal schreiben, ihn einladen zu einem unverbindlichen Kaffeetrinken bei mir. Vielleicht wollte er einfach nur ein «Verhältnis»? Er würde sich schon an mich gewöhnen, ich mußte ihm nur diese schreckliche Angst nehmen!

Nun, zurück zur geplanten Online-Verlobung. Ich fragte Jürgen also, ob er bereit sei, einen «Tortenspringer» für den Verlobungsabend zu spielen. Als Überraschungsgast sozusagen. Eine geradezu entzückende Idee, einen angehenden Rechtsanwalt und seriösen Vertreter des Gesetzes mal in Lackstrapsen und Seidenstrümpfen aus einer Torte springen zu sehen. Nun, was dabei herauskam, zeigt die folgende Aufzeichnung des Verlobungsabends. Wir hatten bis in die frühen Morgenstunden gefeiert, das heißt: über viereinhalb Stunden.

Übrigens, mein finanzielles Problem hatte ich fürs erste in den Griff bekommen, da ich mir die betriebliche Altersversorgung durch meinen Arbeitgeber hatte auszahlen lassen. Außerdem hatte ich ja nun endlich einen örtlichen Provider gefunden. Ein Anbieter, der mich zum Citytarif zu einem Monatsbeitrag von einundvierzig Mark, so oft ich wollte, ins Internet einwählen ließ. Und auch die

Telekom hatte inzwischen Sondertarife, so daß der Horror der Vergangenheit in Sachen Kosten ausgestanden war. Man mußte das alles eben nur wissen!

Und so war mein Kontakt zu Peter wenigstens für die nächsten Monate erst einmal gesichert. Na ja, zumindest finanziell.

PowerChat: * Konferenz III *****

JuergRref:	oh, da kommt der bräutigam ... und die braut ;-)
KiraMaus:	Ja jürgen, ... lol
DrKnacks:	klatsch laut
Hexenkuss:	{{{boris}}}} ... komm doch ein letzes mal in meinen arm, an meine mütterliche brust ;-)
JuergRref:	herzliches beileid, boris
BorboEight:	{{{{{GABY}}}}}
JuergRref:	so jung und schon im beziehungsknast
Hexenkuss:	ich habe meinen neuen bastrock an ...
DrKnacks:	gaby, ... mich hast du heute noch nicht geküßt! :-(((
BorboEight:	Neeeeeeeiiiinnnn
PiaMaus:	Jürgen, mit mir hat boris doch den hauptgewinn ... LOL
BorboEight:	gaby ... im bastrock?
KarotteS:	hallo
JuergRref:	pia, du wirst ihm sicher sämtliche anlageentscheidungen abnehmen in zukunft, was ?
PiaMaus:	logisch ... lol
BorboEight:	ist jemand von der bild-zeitung da???
KarotteS:	nö
PiaMaus:	muß doch über unsere finanzen aufgeklärt sein ...
BorboEight:	wo sind denn die scouts?
KarotteS:	wieso, ... wollt ihr heiraten?
BorboEight:	karotte, wer will heiraten?
PiaMaus:	erstmal sicherstellen ... lol ... und weitersuchen ... lol
JuergRref:	die verloben sich erstmal
BorboEight:	aus einem verlöbnis kann nicht auf eingehung der ehe geklagt werden ... LOL
Hasengeil:	mohrrübe, ich hab dich zum fressen gern!

PiaMaus:	ja boris, weiß ich auch … LOL
JuergRref:	boris: pia wird dich nach 1300 verklagen …
KarotteS:	vorsicht, deine dritten zähne
PiaMaus:	was ist 1300?
JuergRref:	1300 BGB, lies es nach ;-)
Hexenkuss:	also jürgen, kann pia nicht auf entgangenen lustgewinn klagen?
JuergRref:	gabs, nee, kann sie nicht
DrKnacks:	gaby, benimm dich
Hexenkuss:	schade ;-) … heiner … lol
JuergRref:	aber bei der beweisaufnahme wär ich gern dabei …
Hexenkuss:	aber boris, wir alle werden dafür sorgen, daß du es ernst meinst …
DrKnacks:	wir helfen ihm ALLE
Hexenkuss:	jürgen, aber er täuscht ihr doch die ehe vor … pia, was hast du an?
JuergRref:	da hat sie nach 1300 BGB nur 'nen schmerzensgeldanspruch, wenn er ihr die unschuld klaut …
BorboEight:	LOL
Hexenkuss:	genau!!!!!!!!
PiaMaus:	den weißen mini, gaby … LOL
BorboEight:	jürgen, wie hoch etwa??
PiaMaus:	unschuld? was ist denn das? lol
DrKnacks:	pia, bist du beraubt worden?
Hexenkuss:	boris, gut daß du aktionär bist ;-)
Hasengeil:	haltet den dieb
BorboEight:	gaby, ich muß es noch einmal sagen … ich liebe dich einfach ;-))
Hexenkuss:	wen????? boris, mich? entscheide dich jetzt und hier … pia, er spinnt ;-)
BorboEight:	moment, die verlobung ist erst um 22.00 uhr …

Hexenkuss:	erst pia die unschuld klauen … hm, laßt uns anfangen, leute, der bastrock kratzt ;-)
JuergRref:	und dann der gabs auch noch die unschuld klauen wollen …
BorboEight:	pia, spatz, du bist so ruhig
Hexenkuss:	und außerdem schmilzt die torte … ist was heißes drin ;-)
DrKnacks:	HEYYY
Hexenkuss:	{{{{{{pia}}}}}}

```
LOG COUNT:    There were 8 member(s) in Konferenz III at 09:30 PM
```

KarotteS:	schnief, niemand liebt mich
Hexenkuss:	jürgen, hast du den vertrag vorbereitet?
JuergRref:	hier macht sich die abwesenheit eines stehgeigers wieder mal besonders schmerzlich bemerkbar … ;-)
PiaMaus:	oh ja, der vertrag !!
BorboEight:	man muß sich für eine online-hochzeit extra anmelden … hab ich heute gelesen
Hexenkuss:	stehgeiger … lol … heiner, übernimmst du das mit dem geigen? ;-)
JuergRref:	die frage des vorschusses ist nicht geklärt …
DrKnacks:	für gaby tu ich alles …
Hexenkuss:	jürgen, sei nicht so kleinlich
JuergRref:	ich weiß ja nicht, was sie geregelt haben wollen …
PiaMaus:	jürgen, auf alle fälle will ich mein geld behalten
Hexenkuss:	(bin schon blau) … champagner macht mich hemmungslos … also, pia und boris, seid ihr euch nun einig?
BorboEight:	natürlich …
DrKnacks:	gaby, trinken wir einen auf das paar?
JuergRref:	ich will die braut küssen, ich will die braut küssen …
Hexenkuss:	jürgen!!!!

PiaMaus:	ja jürgen <freu>, mach mal
JuergRref:	pia, kommste mal auf ein stündchen mit ins nebenzimmer?
Hexenkuss:	jürgen, reiß dich doch mal an den strapsen ;-)
PiaMaus:	ist schlecht heute ;-)
MarioMann:	komme ich zu spät?
PiaMaus:	lololol
Hexenkuss:	MARIO <freu> … ;-)
PiaMaus:	Hi Mario <freu>
JuergRref:	aha, die zeit schreitet voran <krawatte festzupf; haltung annehm, … hüstel>
PiaMaus:	wer hält nachher die verlobungsrede?
MarioMann:	sagt, ist der akt schon vollzogen?
Hexenkuss:	jürgen … einfach süüüüüüüüß
BorboEight:	<- … ist bereit
KarotteS:	<tränen verstohlen wegputzend>
Hexenkuss:	<- ebenso weinend vor rührung … <schluchz> … gleich ist der beste mann aus aol weg – vergeben, verlobt … nicht mehr flirtfähig ;-)
Hasengeil:	und wieder kriegt ihn eine andere
Hexenkuss:	aber pia ist die liebste, die er kriegen kann :-))))
PiaMaus:	:-))))))))))))))))
DrKnacks:	boris, gaby hat mich gebeten, sie zu stützen, wenn sie weint …
Hexenkuss:	und was hast du heute an, jürgen?
BorboEight:	heiner, gaby weint nicht so schnell
JuergRref:	wir sind beim ehevertrag und 1300 BGB vorhin nicht weitergekommen …
Nospul:	wartet, ich will dabei sein
BorboEight:	1297 I … die entscheidende vorschrift
MarioMann:	jürgen, über die rechtlichen folgen einer verlobung hast du die beiden aufgeklärt?

JuergRref:	im wesentlichen über 1300
Hexenkuss:	und jürgen, eins mußt du klarstellen
BorboEight:	Gaby … WAS????
JuergRref:	nämlich, gabs?
Hexenkuss:	ER MUSS SEIN PROFIL ÄNDERN, stimmt's? er muß! Lol …
BorboEight:	nööö … nicht zwingend …ähm, … pia … bitte ändere sofort dein profil…
JuergRref:	«in festen Händen» … jaja, pia auch … natürlich
DrKnacks:	gaby, du setzt das junge glück unter druck!!!
Hexenkuss:	heiner, männern muss frau IMMER auf die sprünge helfen;-)
MarioMann:	ja, wird denn nun geheiratet oder sich nur verlobt?
DrKnacks:	gaby, ach du meine angebetete …
JuergRref:	gleich heiraten
PiaMaus:	mario, erstmal doch verlobung (ausprobieren)
BorboEight:	mario … natürlich verlobung
JuergRref:	nee, gleich heiraten
BorboEight:	heirat ist doch im flirt-chat
JuergRref:	sonst dauert das wieder ewig mit dem ehebruch …
BorboEight:	moment … darauf bin ich nicht vorbereitet … LOL
DrKnacks:	es muß doch jeder nur sagen: hiermit gebe ich meine verlobung bekannt ;-) … macht's jetzt, ich habe durst …
MarioMann:	moment, ich hole gerade sekt
Hexenkuss:	champagner fließt doch schon …
JuergRref	und wo zum teufel sind diese schnuckligen kleinen ehrenjungfrauen?
KarotteS	eine rübe wird blau ;-)
Hexenkuss:	runde … zum wohl … wir trinken auf das junge glück
DrKnacks:	prost …
KarotteS:	hicks
Hexenkuss:	PROOOOOOOOOSTTTTTTTT

MarioMann: <anstoß> ... klirrrrr

JuergRref: möget ihr unzählige sozialversicherungsbeitragszahler zeugen ...<glas an die wand schmeiss> ... ups, da stand gaby ;-) ... <gar nicht gesehen> ...

Hexenkuss: jürgen, ich wollte nur deine strapse fangen ... statt brautstrauß ... kein glas an den kopp ;-)

```
LOG COUNT:   There were 10 member(s) in Konferenz III at 09:45 PM
```

JuergRref: nix strapse

DrKnacks: gaby, wisch dir den sekt vom busen

Hexenkuss: seit wann geht das eigentlich mit euch beiden schon, boris und pia? also heiner!! benimm dich!!

JuergRref: heiner, mach du das doch schnell ;-)

Hexenkuss: LOL ... ohgott ... aufhören

BorboEight: darf ich schlürfen? ... noch ein letztes mal ;-)

Hexenkuss: pia schläft schon?

BorboEight: das war zuviel für sie

MarioMann: gaby, wen möchtest du denn heiraten?

Hexenkuss: mario, frag nicht so'n mist

DrKnacks: sags

MarioMann: GABY ... SAG!

BorboEight: verlobung online ... verlobungsnacht offline ... damit das klar ist ...

Hexenkuss: <- heiratet nie mehr ... na ja, nie mehr den falschen ... LOL

BorboEight: so halten wir das hier ... klar, pia?

GanzGross: Hallo

Hexenkuss: schade eigentlich, boris;-)

JuergRref: ei schau, der Gross

Hexenkuss:	victor :-))))))))
BorboEight:	aber pia ist gar nicht mehr da
Hexenkuss:	weck sie … aber sanft, boris
PiaMaus:	doch, bin noch da …
GanzGross:	ich hör gerade, es gibt wichtiges, von dem ich unbedingt wissen sollte :-))
MarioMann:	eigentlich sollte man eure verlobung in einem forum promoten … ich überlege gerade, in welchem … hmm, rechtforum? nee … sozial-forum? neee ;-) … hmm … ahh :-)) im WUV *27 … vielleicht?
Hexenkuss:	WUV, was ist das?
BorboEight:	neee, nur hochzeiten werden promoted
MarioMann:	gaby, … WUV = wir um vierzig
JuergRref:	gaby, wir könnten doch mal schauen, wieviel kamele wir für dich kriegen, oder?
Hexenkuss:	<- entsetzt … laß lieber, hier ist keiner, den ich will ;-)
DrKnacks:	50 weiße … DU WILLST MICH NICHT?
GanzGross:	seid ihr denn jetzt schon verlobt?
PiaMaus:	nee Gross, hat noch keiner die rede gehalten … <schnief> …
BorboEight:	wer hält eigentlich die rede bei der hochzeit? macht das immer der flirt-scout?
JuergRref:	also muß Gross das als verbliebener diensthabender tun …
GanzGross:	ich bin da ja nun nicht vorbereitet, aber wenn ihr unbedingt darauf besteht …
JuergRref:	wir bestehen!
Hexenkuss:	aber nicht so schrecklich nüchtern
JuergRref:	nur dazu sind wir hier vergammelt …
Hexenkuss:	lol
GanzGross:	liebe AOL-gemeinde, liebe freunde von pia und boris! …
JuergRref:	… haben wir uns hier gerammelt …

GanzGross:	wir sind heute hier, um zwei menschen bei einem wichtigen schritt in ihrem leben zu begleiten …
Hexenkuss:	jaaaaa ;-) … in den letzten ;-)
JuergRref:	\<heul\> … \<flenn\>
PiaMaus:	\<schnief\>
BorboEight:	pia … endlich! du hast mich so lange hingehalten, … immer wieder
Hexenkuss:	\<- ganz nervös, heiner, haste 'ne valium für mich?
GanzGross:	zwei menschen, die wir kennen und schätzen, haben einander gefunden, einander kennengelernt, einander liebengelernt …
BorboEight:	bis ich wahnsinnig wurde, pia! …
PiaMaus:	Gross, schön machst du das ;-)
JuergRref:	\<prachtvoll macht er das\>
DrKnacks:	seid doch nicht so traurig, denkt an die rente!!!
Hexenkuss:	\<- stolz auf victor ;-)
BorboEight:	weiter …
GanzGross:	heute möchten sie sich ein bekenntnis machen und uns zu ihren zeugen nehmen, auf daß alle es wissen und keiner es bezweifeln kann …
BorboEight:	der ist besser, als ich dachte ;-)
JuergRref:	\<\<rührend\>\>
GanzGross:	boris, … du möchtest deiner pia heute etwas sagen und sie gleichzeitig etwas fragen … ?!
BorboEight:	LOOOLL … ich?
Hexenkuss:	nicht lachen, boris, nimm haltung an
GanzGross:	\<dein einsatz, boris\> ;-)
BorboEight:	pia … willst du meine F … stop!
Hexenkuss:	(pia, jetzt sagt er's öffentlich, was eh alle wissen)
BorboEight:	stop … falsch
Hexenkuss:	war richtig !!!

PiaMaus:	ja, aber zuerst mal deine verlobte :-)
BorboEight:	pia … willst du meine braut werden?
JuergRref:	boris! … Ferlobte wern ? <vorsag>
Hexenkuss:	lololol
BorboEight:	stop
PiaMaus:	boris schatz, sag du erstmal ja
Hexenkuss:	ohgott … ich sterbe
MarioMann:	pia, so ein schritt zieht rechtliche konsequenzen nach sich
GanzGross:	pia, auch du möchtest boris etwas sagen?!
BorboEight:	pia … willst du heute abend meine verlobte werden und … morgen die verlobungsnacht offline begehen … dann antworte mit JAAAAAAA

```
LOG COUNT:    There were 9 member(s) in Konferenz III at 10:00 PM
```

PiaMaus:	JAAAAAAAAAAA SCHATZI, ICH WILLLLLLL …
Hexenkuss:	ohhhhgottttt … hört ihr das alle?
GanzGross:	auf daß alle wissen: pia und boris gehören zusammen und sollen fortan nie mehr getrennt …
Hexenkuss:	<schluchz>
MarioMann:	<heuuuuuuuuuuuuullllllllllll>
GanzGross:	… werden oder online getrennt sein dürfen ;-)
JuergRref:	pia? haste das mit der offline verlobungsnacht auch gelesen??!
BorboEight:	gibt es kein zurück mehr?
Hexenkuss:	ohhimmelhilf, wie schöööööön
PiaMaus:	oh, hab ich da was übersehen?
Hexenkuss:	PIA!
MarioMann:	:))

GanzGross:	liebe AOL-Gemeinde, wir nehmen euch als zeugen für den schwur, den pia und boris sich heute geleistet haben
Hexenkuss:	gott, ich bin hin und weg
JuergRref:	<kein Reis da >
Hexenkuss:	heiner, siehste, DAS ist liebe!!
MarioMann:	victor … ist uns das eine page im rechtforum wert? … lol
GanzGross:	gehet hin und habt euch lieb :-)))
JuergRref:	kein reis? … MIST … ah, da sind melonen ;-) … <schmeiß>
BorboEight:	pia … jetzt küß bloß nicht den heiner …
PiaMaus:	nee schatzi
GanzGross:	{{{{ Pia }}}}}
Hexenkuss:	KÜSST EUCH!
PiaMaus:	wo ist denn die torte???
GanzGross:	{{{{ Boris }}}}
JuergRref:	braut küssen
Hexenkuss:	{{{piaundborisfürimmervereint}}
PiaMaus:	Schatzi: SCHMATZ
JuergRref:	pia, stell dich mal auf den stuhl da
MarioMann:	wohin fliegt ihr beiden denn nun?
DrKnacks:	darf man die braut küssen?
Hexenkuss:	DU NICHT, HEINER
MarioMann:	<knuddel>
PiaMaus:	wieso stuhl?
BorboEight:	Pia = 1,60 cm – LOL … egal, komm doch hoch …
Hexenkuss:	LOL
BorboEight:	na ja, mit absätzen 1,65 cm
Hexenkuss:	ihr seid soooooo süß, gratulation
GanzGross:	ich wünsche euch alles, alles gute für eure zukunft :-)))))
JuergRref:	da krieg ich's wieder ins kreuz beim brautküssen …

Hexenkuss:	HOCH SOLLN SIE LEBEN, HOCH SOLLN SIE LEBEN …
BorboEight:	victor … du warst spitze
JuergRref:	DREI MAAAL HOOOOOCH … ach übrigens, gaby? …
Hexenkuss:	ja, jürgen?
JuergRref:	gabs, nun nimm mal die eine melone aus deinem ausschnitt …
Hexenkuss:	LOL … pia, können wir jetzt endlich die torte anschneiden?
GanzGross:	lol … nee, also ehrlich!
PiaMaus:	ja torte <freu> … LOL
DrKnacks:	jürgen, das war diesmal mein kopf …
GanzGross:	ich verabschiede mich dann von der verlobungsgemeinde … tschüß und feiert noch schön :-))))
Hexenkuss:	also, jürgen, machste nun oder nicht?
JuergRref:	moment gaby, muß mich kurz umziehen
BorboEight:	pia … denk bitte auch morgen an den minirock ;-)
DrKnacks:	gaby, mit uns ist es vorbei, du liebst alle, nur mich nicht …
JuergRref:	nee pia, den mini kannste morgen weglassen … ;-)
Hexenkuss:	jürgen, biste soweit?
JuergRref:	jaha
Hexenkuss:	<trommelwirbel> … chippendale … applaus !!! pia, jetzt kommt die showeinlage ;-)
JuergRref:	<immer die sahne im gesicht bei sowas>
Hexenkuss:	LOL … heiner, paß auf, … jetzt fange ich gleich strapse auf ;-))
JuergRref:	<anleg> … <ziel>
BorboEight:	LOL
PiaMaus:	Gaby, und? … gefangen?
JuergRref:	<strapse auf gabs schmeiss>
Hexenkuss:	ohgott, ich will deinen astralkörper jetzt anfassen, jürgen ;-)) mein sahneanwalt … LOL
JuergRref:	<mist, wieder in den ausschnitt>

BorboEight:	wer schmeißt strapse?
DrKnacks:	den verlobten viel glück, <schluchz> … gaby betrügt mich … gute nacht …
Hexenkuss:	LOL
BorboEight:	Jürgen … schaut deine frau zu?
JuergRref:	<zum glück war diesmal die melone nicht drin>
Hexenkuss:	jürgen … lol … ich hab sie doch gefangen;-)
JuergRref:	also, wenn pia zu mir in die torte steigt, darf boris zu gabs …
PiaMaus:	jürgen, bist du doch in der torte?
Hexenkuss:	KLAR PIA … ;-)
JuergRref:	mit dem unterteil, pia … ich weiß nämlich nicht, ob ich in der eile nicht vergessen hab … LOL … den tiger-tanga anzuziehen ;-)
Hexenkuss:	LOLOLOL … aus lack?
PiaMaus:	lolol … tiger … lol <applaus>
JuergRref:	ich geh mal kurz die sahne abduschen
Hexenkuss:	jürgen, laß sie dran, sieht gut aus
JuergRref:	kommste kurz mit, pia, den rücken abtrocknen?
PiaMaus:	oh jürgen, gestern wäre es noch gegangen. weißt ja …
Hexenkuss:	pia, jürgen hat übrigens eine traumhafte stimme …
DrKnacks:	du betrügst mich ständig, gaby!
BorboEight:	meine pia <stolz> … ist sie nicht süß, meine verlobte?
Hexenkuss:	pia ist die beste!!!!!!!!
PiaMaus:	danke
JuergRref:	ich steh unter der dusche und warte auf pia …
BorboEight:	LOL … shit … die letzte zigarette
JuergRref:	diese pia kann einem aber sehr zärtlich den rücken abtrocknen … <schwelg>
PiaMaus:	jürgen, nicht so laut …

Hexenkuss:	heinerle, jürgen hat die erotischte stimme, die ich je hörte … uppps (sorry, der champus)
DrKnacks:	gaby, ich werde noch krank mit dir …
BorboEight:	gaby … du sagtest «GEILE STIMME»
Hexenkuss:	<KNALLROT> … ähm, ich muss noch staubsaugen …
JuergRref:	gaby, sagtest du echt «geile stimme»?
Hexenkuss:	boris!!! ach quatsch, jürgen ;-)
BorboEight:	gaby, der staub läuft nicht davon
Hexenkuss:	die feier ist damit beendet … AUS … SCHLUSSSSSSSSSSSS <peinlich>
BorboEight:	ICH LIEBE DICH, {{PIA}}} meine verlobte … PIA … wir sind verlobt
PiaMaus:	verlobt? ja, aber … lol
JuergRref:	gaby, sag mal … könnteste bitte nochmal wiederholen, was du über meine stimme gesagt hast?
Hexenkuss:	jürgen … für wen genau? …;-)
PiaMaus:	den rest kriegen wir auch noch hin
BorboEight:	«GEILE STIMME» = Zitat
JuergRref:	Danke Boris
Hexenkuss:	BORIS, das kriegste wieder! das gibt rache!
BorboEight:	Pia … ich könnte dich jetzt küssen
Hexenkuss:	{{boris}} … oh sorry, pia … die alte leidenschaft bricht durch ;-)
PiaMaus:	darfst du doch gaby
BorboEight:	GABY … du bist einmalig … und pia, du bist einfach … dich liebe ich wirklich …pia, das mit gaby ist something special
Hexenkuss:	recht so, boris :-)… alles liebe, pia und boris:-)))… gute nacht …
PiaMaus:	<kuscheltsichanboris> … tschüß leute … oje, ich bin ja so aufgeregt! wie wird wohl die erste nacht??!!
BorboEight:	Pia … komm noch näher … !

Thema:	**montag :-)**
Datum:	**02.10.97**
An:	**PierreBN**

lieber peter...

lange nichts von dir gehört ...

wenn du magst, laß uns beide doch mal ein wochenende zusammen verbringen, peter. ohne wenn und aber, einfach nur gemütlich und kuschelig, bei kerzenschein und guten gesprächen. ich weiß, wir werden beide davon etwas haben, und heute kenne ich deine einstellung und weiß damit umzugehen, so daß es keine hoffnung auf ein weiteres treffen danach in mir wecken wird. das meine ich sehr ernst!

aber ein einziges mal sollten wir beide es uns gönnen. abschalten, sich annehmen, geben und nehmen, wegfliegen und danach wieder landen und auseinandergehen, wieder in den alltag zurück. laß es uns tun, peter. ich werde gut zu dir sein, ich verspreche es dir!

schau doch mal, ob du bis ende des jahres nicht noch ein wochenende frei hast, dann schreib es mir! du bist herzlich eingeladen, dich ein einziges mal von mir verwöhnen zu lassen.

nimm es an, peter, nimm es bitte an und spring ein einziges mal über deinen schatten.

die angst, die in uns beiden steckt, wird nach zehn bis zwölf (!) minuten verflogen sein, wir werden uns gegenseitig dabei helfen und die leidenschaft mal siegen lassen. ein einziges mal geben und nehmen in der gewißheit, daß wir uns mögen, aber mehr nicht sein kann und darf!

ich werde dir geben, was ich zu geben in der lage bin und dich glücklich machen, für einen kurzen moment in einem menschenleben. und du mich. denk darüber nicht lange nach, sondern antworte aus dem bauch heraus.

sei lieb umarmt und (wild) ins linke ohr geküßt ...

:-xxx gaby

Peters Antwort kam überraschend schnell. Schon am nächsten Abend fand ich seine Zeilen.

Thema:	**Schatten**
Von:	**PierreBN**
An:	**Hexenkuss**

liebe gaby ...

den sprung über meinen schatten schaffe ich nicht, akzeptier das bitte einfach und ohne weitere rückfragen. es mag ein fehler sein, aber ich möchte es nicht, weil ich es vor mir selber nicht rechtfertigen oder verantworten kann. der kopf siegt über das gefühl. es wäre auch nicht gut, wenngleich so ein wochenende sicher sehr schön wäre und im augenblick uns beiden gut täte. damit verbunden wäre aber außer vielen anderen dingen vor allem ein großer schmerz hinterher. den sollten wir beide uns ersparen. mein zögern damals, mich mit dir zu treffen und dich danach wiederzusehen, hatte den gleichen hintergrund und auch da hat sich meine annahme letztlich bewahrheitet. also bleibt nichts anderes übrig, als aufzugeben. es wird einfach zuviel und hinterläßt nur enttäuschungen. ob ich mich hier ganz abmelden werde, weiß ich noch nicht.

das vergangene jahr hier mit dir war schön, es hatte höhen und tiefen, aber es war etwas besonderes.

es gilt aber nach wie vor all das, was ich dir bisher gesagt und geschrieben habe.

Peter

Ende. Aus. Einfach so, aus und vorbei.

Was sollte ich nur tun? Aufgeben? Ach, Peter, was tust du uns beiden an?

Ich würde ihn aufgeben müssen! Manni sagte neulich, falls Peter und ich füreinander bestimmt seien, würde sich alles mit der Zeit doch noch ergeben. Ja, er hatte recht. Doch, ja, ganz bestimmt! Diese Hoffnung hatte ich immer noch, daß alles gut werden würde. Ich glaube an unseren «gemeinsamen» Weg, Peter! Viele Dinge ergeben sich halt aus der Situation heraus, und er fühlte sich von mir unter Druck gesetzt, das mögen die Männer nun einmal nicht. Ich würde mich zunächst einmal rar machen, dann würden wir weitersehen.

Arbeit und Ablenkung hatte ich schließlich genug, denn vergangene Woche hatte ich eine Zusage von AOL bekommen, in dem neuen Bereich «Edutainment» als ehrenamtlicher Forumscout (FSCT) tätig werden zu dürfen, und ich freute mich schrecklich auf diese neue Aufgabe.

Die folgenden Abende und Wochenenden verbrachte ich mit Online-Schulungen*28 und -Treffen mit anderen ehrenamtlichen AOL-Mitarbeitern. Ich installierte mir die entsprechende Software*29 zur Erleichterung meiner künftigen Moderationen in den Konferenzen. Von AOL wurde sämtliche Software kostenlos zur Verfügung gestellt. Man brauchte nur unter «Kennwort» in den Software-Bereich zu gehen und konnte dort herunterladen, was das Herz begehrt. Ich lernte den sogenannten «Scout-Bereich» kennen, der für einen «normalen» User nicht zugänglich war und in dem ich nun auch «interna» abrufen konnte. Ich lernte, wie die Pinboards gepflegt wurden, lernte die «HTML-Sprache» (Programmiersprache) kennen, lernte, wie ich mit Verbalattacken verschiedener User in den Konferenzen umzugehen hatte, und lernte und lernte.

Bruni und Manni waren immer wieder online, und wir waren inzwischen fest befreundet. In den beiden hatte ich wirklich zwei liebe Menschen gefunden, und die Herzlichkeit unserer Online-Freundschaft wuchs von Tag zu Tag.

Von Peter kam immer mal wieder eine E-Mail, er hatte sich wohl doch nicht ganz abgemeldet vom AOL. Doch auf meine fortdauernden Liebkosungen, die ich einfach nicht lassen konnte, ging er in keiner Weise mehr ein. Sachliche, unverbindliche Korrespondenz war angesagt. Ich freute mich aber trotzdem immer noch, wenn ich ihn online sah und wir miteinander sprachen.

Dieser Name «PierreBN» übte einen eigenartigen Zauber auf mich aus. Seine spürbare Distanz tat mir manchmal wahnsinnig weh, aber ich wußte in meinem Herzen ganz genau, daß er mich mochte und alles gar nicht so trocken meinte, wie er es schrieb. Manchmal sah ich ihn vor meinen Augen lächeln am anderen Ende. Ich konnte ihn verstehen! Sein Verstand war einfach zu stark, und sein Verhalten zeugte letzten Endes von einem absolut korrekten Charakter. Vielleicht würde er eines Tages doch seinem Gefühl einen Platz einräumen können, und damit auch mir?

Ach, Peter!

Manchmal werden Träume auch wahr!?

Ich hatte niemals daran geglaubt, … bis ich dich damals traf …

Thema:	**Loslassen**
Von:	**Soonsawa**
An:	**Hexenkuss**

Liebe Gaby ... du schreibst ...

**** *weißt du, manni ... ist es wirklich echte liebe zu peter, dann muss ich auch loslassen können, und ich lasse nun los. deshalb muß meine liebe ja nicht sterben im herzen, gell?* ****

ach, gaby ... und wie in meinem kleinen folgenden gedichtchen sollte die antwort **immer am anfang** und nie am ende stehen ... also:

NEIN >>> IST ES NICHT

Morgengrauen
Abendrot

Vereint
Getrennt

Stürmisch
Gehemmt

In der Früh erwachen
In der Nacht absterben

Neues erwerben
Altes vererben

Jeden Tag aufs Neue
Der Kreislauf des Lebens

Ist alles vergebens? ... (s.o.)

Alles Liebe ...

oh warte, ich muß dir noch etwas schreiben, in der nächsten mail, warte ;-)

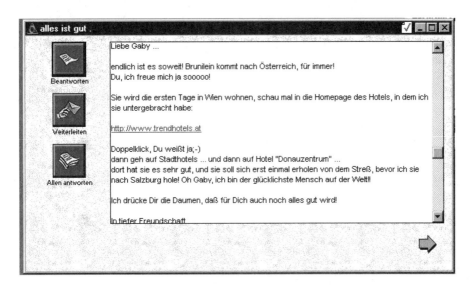

Hatten die beiden es also geschafft! Oh, wie freute ich mich! Manni und Bruni übertrugen ihr Glück richtig auf mich. Wenn Peter und ich doch nur auch, aber...

Nein, nicht darüber nachdenken!

An Manni …

Inside online

Erstkontakt
    Small-talk
        Sympathie
            Wiedersehen Online
                Freude
Vertrauen
    Zuneigung
        Sehnsucht
            Träume
                Warten
Nähe
    E-Mails
        Mitgefühl
            Seelenkontakt
                Wärme
                    Verständnis
Geborgenheit
    Zuversicht
        Gemeinsamkeiten
            Körperkribbeln
                Erotik
                    Gänsehaut
Phantasie
    Bewußtwerden
        Hoffnung
            schmerzhafte Sehnsucht

A b s c h a l t e n!!!!!
    Aufwachen!!!!!
        Zurechtrücken!!!!!!
            Real leben!!!!!
Real lieben!!!!!

Quintessenz:
    Reale Leere,
        reale Kälte,
            reale Gleichgültigkeit!
                        E i n s c h a l t e n!

Im Oktober lernte ich «DrKnacks» näher kennen. Heiner, der auch bei Pias und Boris' Online-Verlobung schon dabeigewesen war.

Seit einigen Wochen peilte er mich nun schon ständig an, wenn ich online war und spielte den total Verliebten. Heiner, Witwer und Internist in Frankfurt, wollte in diesen Tagen seine Cousine in Lippstadt besuchen, so daß er sich bei dieser Gelegenheit eigentlich mehr selbst auf einen Kaffee zu mir einlud, als ich ihn. Und nicht nur das. Nein, er beabsichtigte, das ganze Wochenende bei mir zu bleiben, er wolle endlich mal mit jemandem richtig reden und ich mache auf ihn einen so sympathischen, intelligenten und warmherzigen Eindruck. Na dann!

Ganz wohl war mir bei der Sache jedoch nicht. Schließlich hatte ich mir nach dem «Erotikwochenende» in der Heide geschworen, niemals mehr so ein Risiko einzugehen. Was hatte ich damals für ein Glück gehabt, daß es sich bei Wilfried nicht um den Heidemörder gehandelt hatte! Aber auf der anderen Seite: Wie sollte ich jemals einen Mann kennenlernen, wenn ich nicht eine gewisse Risikobereitschaft an den Tag legen würde?

Außerdem mußte ich irgendwie Peter aus dem Kopf bekommen, vielleicht würde mir das gelingen, indem ich mich mit diesem Heiner einließ? Vielleicht war er ja meine Zukunft und nicht Peter? In seiner Frankfurter Praxis hatte ich ihn schon mehrmals erreicht, seine Angaben schienen also zu stimmen. Trotzdem hatte ich ein komisches Gefühl und schrieb vorsichtshalber an Manni eine E-Mail, in der ich den Screen-Name dieses Arztes und auch dessen wahre Identität hinterließ. Falls mir etwas zustoßen würde, mußte wenigstens ein Mensch auf dieser Welt Bescheid wissen, wer mich auf dem Gewissen haben würde.

Thema:	**Lampenfieber**
Von:	**Hexenkuss**
An:	**Soonsawa**

Lieber Manni,

mir ist es wichtig, daß Du es weißt. Ich habe kein schlechtes Gewissen, weil ich Peter nun ja offensichtlich doch verloren zu haben scheine und ich letzten Endes auch nur ein Mensch bin, der sich nach menschlicher Nähe sehnt. Also habe ich zugesagt, als dieser Heiner sich bei mir für dieses Wochenende anmeldete. Weißt Du, er ist seit vielen Jahren der erste Mann, der über ein ganzes Wochenende bei mir bleiben will. Mein damaliger verheirateter Freund ist ja damals morgens immer neben seiner Angetrauten aufgewacht statt neben mir, deshalb ist diese Situation so ungewohnt für mich.

In ungefähr drei Stunden wird er hier sein, und ...

... ich sitze hier und weine, statt mich zu freuen. Kannst Du mir das mal erklären? Ich habe niemanden, mit dem ich darüber reden kann, deshalb verzeih mir bitte, daß ich Dir das schreibe. Seine Identität gebe ich Dir in einer separaten Mail bekannt. Bitte lies die nur, wenn ich nicht mehr «auftauchen» sollte. Nur zur Sicherheit, okay?

Es ist diese Angst in mir. Nicht vor dem Mann, auch gar nicht mal, daß er ein Krimineller sein könnte. Nein, Angst, daß er es nicht ernst meint, daß ich angelogen und getäuscht werde und ich ihm dennoch blauäugig glauben könnte. Ich bin so unsicher geworden in Gefühlsdingen, Manni. Er hat zwei Freundinnen in Frankfurt, die beide nichts voneinander wissen. Mir aber hat er reinen Wein eingeschenkt. Sie sind ihm halt wichtig, da sie für ihn da waren, als er vor einigen Jahren Witwer wurde, und sie haben ihm geholfen.

Aber frag mich warum, ich traue ihm einfach nicht. Tu ich ihm unrecht? Ich weiß, daß er hier im AOL mit einigen «heißen» Frauen seine Späßchen macht, Du weißt schon, was ich meine! Er sieht das als völlig harmlos an, aber es verletzt mich dennoch. Bewerte ich das über? Er sagt, er mag mich, aber kann er es ernst meinen?

Er hat Versagensängste, sagt er. Ein guter Freund sagte mir mal, Versagensängste beim Mann seien das Normalste der Welt. Ich werde versuchen, sie ihm zu nehmen. Bei mir muß kein Mann Angst haben vor einem Versagen, denn auch ich versage ja so oft. Wie soll ich die Sache mit Heiner anpacken? Mein Verstand sagt mir, ich muß endlich zugreifen, die Chance ist da. Mein Herz sagt mir, er ist es nicht. Ich brauche einen Menschen, der für mich da ist und für den ich da sein darf. Nicht einmal, nicht nebenher, nicht als «Sahnehäubchen». Soll ich ihm das sagen? Oder enge ich ihn ein dadurch und mache mir selbst wieder alles kaputt, bevor es angefangen hat? Peter habe ich, so glaube ich, auch eingeengt, und das tut mir so leid.

Vielleicht bin ich einfach nur zu einsam, ich weiß es nicht. Ich wollte es ja nicht anders? Mein Hund hört mir nun auch nicht mehr zu, er ist ja nun schon seit fünf Monaten im Hundehimmel.

Heiners Freund wird ihn gleich hier absetzen. Der fährt aber weiter nach Hamburg und holt Heiner dann am Sonntag wieder hier ab. Ich habe Angst, und ich glaube, es wird fürchterlich.

Ich denke an Dich, Manni. Du fehlst mir, habe Dich online lange nicht mehr gesehen, aber Deine Bruni ist ja jetzt auch bei Dir! Ich freue mich so für Euch, und vielleicht habt Ihr den Rechner jetzt doch aus dem Fesnter geschmissen? ;-)

Und … ach Manni, Peter fehlt mir auch!

Meldest Du Dich mal? Grüß Deine Bruni lieb von mir, ja?

Alles Gute,

Gaby

Entgegen meiner Befürchtungen war Heiner und auch das Wochenende mit ihm jedoch sehr nett. Er nahm mich in die Arme, bestand darauf, mir etwas zu kochen, gab sich alle Mühe, mich zu verwöhnen und sagte, er liebe mich. In mein Gästebuch schrieb er am Sonntag, daß er froh sei, mich endlich gefunden zu haben und er der künftige Stiefvater meiner Tochter Julia sei. Meine Freundin und Kollegin Meggie, die auf einen Kaffee am Samstag kurz zu uns kam, lud er offiziell als Trauzeugin nach Florida ein, wo er im Februar 1998 die Ehe mit mir schließen wolle.

Mir ging das alles viel zu schnell. Mein Herz war nicht bei der Sache. Ich mochte ihn, wehrte mich aber mit aller Gewalt dagegen, Gefühle in mir zuzulassen. Wie konnte er sagen, er liebe mich, wo er mich doch gar nicht kannte? Was wußte er von mir? Nichts! Peter, ja, Peter kannte mich. Konnte es sein, daß aber dieser mich gerade deswegen nicht lieben konnte?

Am Sonntagabend holte Heiners Freund ihn wieder ab, und ich hatte nun viel nachzudenken. Täglich rief Heiner mich mindestens vier bis fünf Mal im Büro an, und keine Nacht konnte ich durchschlafen, ohne von ihm zwischen zwei und drei Uhr aus dem Schlaf geklingelt zu werden. Es mußte ihn derb erwischt haben. Heiner beteuerte seine Liebe zu mir und sprach immer wieder von «unserem» gemeinsamen Neuanfang.

Meine deutliche Zurückhaltung, die sich dadurch äußerte, daß ich mich nicht fallenlassen konnte, deutete er als Ablehnung und begann schließlich, mich in seinen E-Mails fürchterlich zu beschimpfen. Dinge wie: ich habe ihn nicht befriedigen können und wenn er mich heiraten würde, dann müsse ich sowieso erst einmal fünfzehn Kilo abnehmen, sonst würde er das Ticket nach Florida nicht bezahlen. Doch diese Äußerungen waren noch die harmlosesten.

Hatte ich jemals gedacht, Ärzte hätten zugleich mit ihrer Approbation «automatisch» Format und Niveau erlangt? Wenn, dann revidiere ich diese Ansicht hier!

Thema:	**keine chance**
Von:	**Hexenkuss**
An:	**DrKnacks**

Heiner ...

du bist einundfünfzig jahre alt, und ich setzte nicht zuletzt aufgrund deines berufsstandes voraus, daß du ein gebildeter mann mit format und niveau sein würdest. meinst du nicht, daß ich unter diesen voraussetzungen erwarten konnte, daß du deine mitmenschen respektierst und sie achtest? auch und nicht zuletzt mich?

Du sagst, du meinst das alles nicht so. na ja, dein humor mag «anders» sein, als ich es zuvor kannte, aber fakt ist dennoch, daß du mich bereits in den ersten tagen einer eventuell hätte entstehen könnenden beziehung beleidigst, und das sogar, ohne daß du es merkst. was meinst du, wo sollte das wohl hingehen? wie würde das in ein paar wochen oder jahren aussehen?

es ist nicht nur ein anderer mann, der dich von mir distanziert, so wie du es mir ständig vorwirfst, sondern du bist es selbst. ich bin ein verdammt einsamer und vielleicht auch komisch gewordener mensch, heiner, aber ich bleibe lieber allein, als daß ich mich von dir so behandeln lasse. durch mein verhalten hast du vielleicht glauben müssen, ich sei «leicht zu haben». irrtum, heiner, großer irrtum! ich erwarte achtung mir gegenüber von einem menschen, den ich mag. respekt, und vor allem, daß er mich nicht verletzt!

ja, du hast recht, ich bin arm, habe nichts, kann nichts und weiß nichts, du hast es ja oft genug gesagt die letzten tage. aber ich habe im gegensatz zu dir eins, heiner: charakter! so hoffe ich wenigstens. du kannst mich mit deinem reichtum und deinen irdischen gütern nicht locken, obwohl es für mich eine große hilfe gewesen wäre, mich mit dir einzulassen. aber gegen mein gefühl? niemals!

ich habe von einem menschen, der mein lebensgefährte sein will, gewisse wertvorstellungen. ich bin nicht scharf auf einen mann, der sein gefühl (gespür) dafür verloren hat, mit wem er es zu tun hat. ich kann mit deiner art nicht umgehen, heiner. es tut mir leid, aber alle tränen in sachen «gefühle» sind geweint in meinem leben, es muß kein weiterer see dazu kommen.

laß uns mal wieder telefonieren, aber für mehr wird es nicht reichen! ich sehne mich einfach nach glück und liebe, nicht nach neuen verletzungen.

laß also ruhe einkehren, schreib mir keine liebesbriefe mehr und keine beschimpfungen.

ich denke, es gab nie einen weg für uns beide.

alles gute, gaby

Doch Heiner gab keine Ruhe. Er war der Ansicht, ich sehe das alles falsch, ich müsse ihm eine Chance geben.

Einge Tage später erfuhr ich von seinem Freund, daß Heiner eine fünfundzwanzigjährige Frau aus Herford zu sich nach Hause eingeladen hatte, die er im AOL kennengelernt hatte und die online bekannt war wie ein bunter Hund. Na ja, bekannt vor allem bei den männlichen Usern, weil sie sich auf jede billige Anmache einließ und das ihrige dazu tat, den Männern restlos den Kopf zu verdrehen. Über Umwege erfuhr ich, daß Heiner sich in diese – übrigens verheiratete – Frau (mit drei kleinen Kindern) und ihren wunderschönen (!) Körper verliebt hatte und ihr jetzt das gleiche Märchen auftischte wie neulich noch mir.

Zu allem Überfluß rief er mich, nachdem ich bereits von der Sache erfahren hatte, immer noch an und beteuerte seine unendliche, aufrichtige Liebe zu mir. Ich ließ ihn nicht spüren, daß ich bereits alles wußte, und hinterfragte gezielt, ob er sich seiner Liebe zu mir ganz sicher sei.

«...aber ja, Gaby! Bitte sei doch nicht so schrecklich mißtrauisch und glaube mir endlich ...»

Er hatte es geschafft. Ich war verletzt. Verletzt, obwohl ich ihn gar nicht hatte haben wollen. Aber jetzt durchschaute ich sein Spiel, und es tat weh. Er hatte mich getäuscht, angelogen, hintergangen. Gerade in dem Moment, als ich anfangen wollte, ihm zu glauben, mein Mißtrauen gegen ihn beiseite zu räumen, mußte ich von diesem «wahren» Heiner erfahren.

Ich riß die Seite im Gästebuch, auf der er sich als zukünftiger Stiefvater meiner Tochter verewigt hatte, in tausend Papierfetzen, nahm sein Foto aus dem Rahmen und packte es zusammen mit der afrikanischen Kette, die er mir neulich mitgebracht hatte, in einen großen wattierten Umschlag.

Ach, du großer Gott, da lag ja auch noch seine Unterhose. Ich tackerte den für seine Verhältnisse sowieso viel zu großen Schlitz mit dem Heftgerät ungefähr dreißig bis vierzig Mal zusammen und schmückte dieses zugetackerte Wunderwerk mit einem kleinen Notizzettel, auf dem ich handschriftlich vermerkte:

... damit du niemandem mehr wehtun kannst ...

Weg damit! Noch am gleichen Abend warf ich den Umschlag in den Briefkasten unten an der Ecke. Nichts wollte ich mehr im Hause haben, was mich an diesen Heiner erinnerte.

Das reichte nun. Ich war mit meinen Männererfahrungen durch. Von heute an würde ich meine Einstellung ändern und viel mehr von dieser «heiteren Gelassenheit», von der Peter immer gesprochen hatte, im Handling mit dem Online-Dienst und den daraus möglicherweise erwachsenen Phantasien und Erwartungen an den Tag legen.

Am 12. November 1997 meldete sich Peter bei AOL ab. Das heißt, genau weiß ich es eigentlich gar nicht, ob er sich ganz abgemeldet oder nur seine Namen geändert hatte. Meine Zeilen vom heutigen Tage, mit denen ich ihm nach der langen Zeit nur einen schönen Tag wünschen wollte, konnte ich jedenfalls nicht per E-Mail abschicken und bekam nach meinem Mausklick die Meldung:

Bei der Datenübermittlung traten folgende Probleme auf: der Screenname <PierreBN> ist AOL nicht bekannt

Er hatte es getan. War gegangen. Einfach so.

Fassungslos und traurig verwarf auch ich ohne Zögern meinen Screenname «Hexenkuss» und ersetzte ihn durch einen anderen.

«Hexenkuss» hatte seinen Reiz und seinen Sinn verloren.

Ich würde ruhiger werden müssen, nicht mehr so oft online sein, um mit irgendwelchen Leuten zu reden. Meine letzte Telekom-Rechnung hatte ich eh nur anzahlen können, den Rest hatte ich stunden lassen müssen in drei Monatsraten à vierhundert Mark, und erstmals war am Ersten dieses Monats meine Miete von der Bank nicht überwiesen worden.

Meinen Scout-Job bei AOL behielt ich jedoch bei, der machte mir nach wie vor großen Spaß, und wenn ich mich in den Uhrzeiten an die günstigeren Telefonzeiten hielt, dann würde es auch weiterhin irgendwie durchzusetzen sein, daß ich mein Hobby nicht ganz aufgeben mußte. Dennoch würde ich mich erst einmal wieder intensiver dem «realen Leben» widmen, vielleicht auch ein bißchen verreisen. Ich mußte wieder zu mir selbst finden.

Peter? Warum nur bekomme ich dich nicht aus dem Kopf?

Ich spürte sie immer noch. Diese Sehnsucht nach der eigentlichen Wohnung der Seele.

30. November 1997

Am ersten Adventssonntag 1997 klingelte es abends gegen zwanzig Uhr an meiner Wohnungstür, was nicht mehr allzu häufig vorgekommen war im vergangenen Jahr.

Hinter einem großen Blumenstrauß lugte seitlich ein Männerkopf hervor.

« ... hm, also, ich will dich nur kurz fragen, ob du mit mir kommen willst. Ich brauche eine neue Assistentin in meinem Unternehmen, und ich habe bei der Neubesetzung an niemand anderen gedacht als an dich. Meinst du, du ...»

Vom Foto her kannte ich ihn ja. Oh, wie ich mich freute!

« ... du meinst, für immer? Ganz weggehen von hier? Was redest du denn da? Oh nein, mir wird ganz anders. Nun komm doch erst einmal herein! Wo kommst du denn nur her? Meine Güte, Manni, daß wir uns endlich persönlich kennenlernen! Ich freue mich ja so!»

Wir umarmten uns lange, er war wirklich und real da. Kaum zu glauben! Julia war im vergangenen Monat ausgezogen, so daß ich mich zu Hause papier- und rechnungsmäßig ausgerechnet gerade heute ausgebreitet hatte und für Besuch wirklich nicht eingerichtet war. Im Wohnzimmer herrschte das absolute Chaos, da ich bereits meine Steuererklärung für 1997 vorbereitete.

« ... ganz neu anfangen, oh Gott, meinst du? Aber eigentlich, hm. Manni, wie denn und wann? Muß ich mich sofort entschließen oder wie lange darf ich darüber nachdenken? Eigentlich ist es im Moment genau der richtige Augenblick für einen Neubeginn, aber ...»

« ... okay, Gaby, komm, laß uns das mal in Ruhe besprechen. Meine bisherige langjährige Kraft wird definitiv Ende Februar ihren Dienst bei mir quittieren, weil sie mit ihrem frisch angetrauten Ehemann nach Wien umziehen wird ...»

« ... Manni, ich glaube, du, ich denke, es wäre vielleicht eine ganz gute Idee, wenn ich ein paar Tage Urlaub nehmen würde und in der Zeit mal bei dir zur Probe arbeite. Was hältst du davon? Hm, eigentlich wollte ich nach Rom fliegen, um eine Städtereise zu machen. Weißt du, diese Sache mit Peter, ich will mich irgendwie ablenken, ihm nicht hinterherweinen, und da habe ich einfach gebucht, am sechsten Dezember wollte ich eigentlich fliegen, das ist ja schon nächste Woche, aber ...»

«... nein, nein, Gaby, kein aber! ...»

Manni war ein äußerst gut aussehender Mann. Sein «inneres Format» sah man ihm auch äußerlich durchaus an. Groß, braungebrannt, dunkle Haare, hoher Stirnansatz und sehr geschmackvoll gekleidet.

Er lehnte sich gemütlich im Sofa zurück und setzte mit abgespreiztem kleinem Finger die Kaffeetasse an den Mund.

«... mh, lecker, Gaby. Nun, diese Reise machst du natürlich! Daran gibt es überhaupt nichts zu zweifeln. Ich überfalle dich ja schließlich hier auch mit meinem Angebot. Nach Rom ist immer noch genügend Zeit, und die Idee mit dem Arbeitsurlaub vorher ist eine grandiose Sache. So machen wir das! So kannst du dir ein Bild von meinem Unternehmen und deiner künftigen Tätigkeit und Umgebung machen. Wir müssen jetzt überhaupt nichts überstürzen, gell? Und du mußt dich erst entscheiden, wenn du ganz sicher bist, daß du in Salzburg leben kannst und mit den Ösis zurechtkommst! Von wo aus fliegst du denn und wann? ...»

«... am sechsten Dezember ab Düsseldorf, Manni. Morgens gegen zehn Uhr soll's losgehen. Meinst du wirklich, ich könnte die Reise vorher noch wahrmachen? Ich habe mich jetzt auch so darauf gefreut, aber andererseits ist mir mein künftiges Leben natürlich wichtiger! Oh Manni, meine Güte, ich bin ja schon ganz zittrig, wenn ich daran denke, wie ich das alles schaffen soll mit der Haushaltsauflösung hier, dem Packen, ganz weg aus Deutschland, ohhimmelhilf, oh Gott ...»

«... alles wird gut, Gaby, das hast du selbst immer gesagt! Laß einfach alles auf dich zukommen. Der Job wird dir bestimmt gefallen, das weiß ich. Und ich kann mich auf dich verlassen, das weiß ich auch! Denk an Brunilein, sie wird glücklich sein, daß ihre Freundin in der Nähe ist! Du siehst, es gibt überhaupt kein Problem!...»

«... also gut, und wann meinst du, soll ich dann den Urlaub nehmen, um nach Österreich zu kommen?...»

Wir beschlossen, nach der Rückkehr von meiner Romreise die Einzelheiten telefonisch kurzfristig abzuklären, und Manni fuhr am Abend noch zurück nach Salzburg.

Ein völlig neues Leben würde vor mir liegen. Ein Neuanfang! Aber Peter hinter mir lassen? Für immer? Er wollte mich nicht, das hatte ich ja schwarz auf weiß.

Neulich hatte er mal angerufen, und wir sprachen lange zusammen. Jedoch war weder von einem weiteren Treffen noch von unserem gemeinsamen Weg die Rede gewesen. Kein Austausch von Zärtlichkeiten.

Aber immerhin, es gab jemanden, der immer noch teilnahm an meinem Leben, der nachfragte, wie es mir geht und was ich so erlebt hatte die letzten Tage. Jemand, der Interesse zeigte. Aber ich konnte ihn nicht anfassen, nicht in den Arm nehmen.

Nun ja, AOL-Zugang gab's auch in Österreich, dessen war ich mir sicher, sonst hätte Manni ja auch nicht online sein können. Vielleicht konnten Peter und ich dann doch wieder Kontakt zueinander aufnehmen? Ich würde ihn im Herzen sowieso überall hin mitnehmen, das war mir klar. Davor konnte ich nicht weglaufen!

Die aufkommende Panik, wenn ich den Gedanken an meine bevorstehende Auswanderung zu Ende dachte, verdrängte ich, indem ich mich auf die Geschehnisse des aktuellen Tages konzentrierte und nicht weiterdachte. Zum Aufgeregtsein würde noch genügend Zeit bleiben.

06. Dezember 1997

Samstagmorgen. Um fünf Uhr dreißig hatte ich meinen Wagen bereits im Parkhaus am Düsseldorfer Flughafen abgestellt und konnte mich nun in aller Ruhe zur Gepäckabfertigung begeben. Zeit hatte ich wirklich noch genug, der Flieger ging ja erst kurz nach zehn. Aber mir war es wichtig, nach der Aufgabe meines Gepäcks erst einmal in aller Ruhe noch eine Tasse Kaffee zu trinken und mich auf den Flug mental vorzubereiten. Schließlich war ich ja nicht jeden Tag mit dem Flieger unterwegs, und seit einigen Jahren hatte ich auch schwer mit dieser schrecklichen Flugangst zu kämpfen. Die Reisetabletten und zwei bis drei Valium würden mich aber schon über die ersten Ängste hinweg bringen, und außerdem hatte ich ja keinen Fensterplatz gebucht, sondern den Platz zum Gang gewählt, so daß ich, bewußt vertieft in irgendeine Zeitschrift, gar nicht würde mit ansehen müssen, wie unter mir die Erde mehr und mehr verschwand.

Gegen sieben Uhr hatte ich alles erledigt. Das Restaurant im Flughafen war trotz der frühen Tageszeit überfüllt, aber ziemlich weit hinten ergatterte ich schließlich doch noch einen Platz. In Ruhe ging ich gedanklich noch einmal durch, ob ich zu Hause auch die Herdplatten ausgestellt und alles Notwendige für die bevorstehende Reise eingepackt hatte.

Schnell noch eine Ansichtskarte vom Flughafen an Julia schreibend, vernahm ich mit gesenktem Kopf:

«Verzeihung, sind hier noch zwei Plätze frei?…»

Ich nickte gedankenverloren und schaute nur flüchtig hoch, als mein Herz auszusetzen drohte.

Vor mir stand er.

PETER!

Leibhaftig und lebendig! Mein Peter! In Begleitung einer Dame, die mir unverbindlich, aber sehr freundlich zulächelte.

PETER! Meine Güte, wie kam er denn nur hierher? Und ausgerechnet heute? Auch er schien wie vom Donner gerührt zu sein, stand unbeholfen da und hatte mich offensichtlich zuvor ebenfalls nicht erkannt.

«Ähm, kann es sein, daß…«

Seine Verlegenheit war deutlich zu spüren.

«Ja, in der Tat! Na, wenn das kein Zufall ist. Guten Morgen! Ich…»

Warum fiel mir denn jetzt nichts ein? Absolute Hirnleere!

Seine Damenbegleitung war inzwischen auf unser merkwürdiges Verhalten aufmerksam geworden und schaute uns beide höchst interessiert an. Vielleicht betrachtete sie aber auch nur unsere beiden hochroten Köpfe?

«…ja, ich hatte…, ach, Sie sind doch die Sekretärin von Herrn Professor Doktor Kleffmann im Mainzer Klinikum, hab' ich nicht recht?…»

Gottseidank! Wenigstens ihm fiel etwas ein. Warum hatte er mir nichts davon erzählt, daß er in Urlaub fliegen wollte? Aber ich hatte ja auch nichts von meinem Trip nach Rom gesagt. Ich wollte doch einfach nur mal für zehn Tage nicht da sein und hoffte insgeheim, daß ihm das vielleicht auffallen und er sich Sorgen um mich machen würde. Entzug macht süchtig, hatte ich mal gehört. Wie auch immer. Seitdem ich ihn online aus den Augen verloren hatte, war ja sowieso keine Kommunikation mehr möglich zwischen uns. Mich anzurufen, machte ihm offenbar keine große Freude mehr oder wurde ihm auch «zu eng». Na, jedenfalls war Peter jetzt nicht um eine Ausrede verlegen.

«…genau, ja, jetzt erinnere ich mich auch. Sie haben neulich doch bei uns vorgesprochen, um Herrn Professor…»

«…die neue Software vorzuführen. Genau!» Peter lachte erleichtert. «Ach so, ja, darf ich vorstellen? Frau Rosengärtner-Grosse, Frau…ähm…»

Er hatte meinen Namen vergessen!? Oder war seine Unwissenheit gespielt und beabsichtigt, um sich vor seiner Freundin nicht zu verraten?

«…Röttger-Willemsen. Angenehm…»

Ich räusperte mich, meine Kehle war wie ausgetrocknet. Wir reichten uns die Hände, und Frau Rosengärtner-Grosse lächelte immer noch. Ich jetzt auch, doch viel lieber wäre ich in Tränen ausgebrochen, hätte geschrien, den Tisch umgeworfen oder sonstwas. Ich schluckte unaufhörlich und spürte, daß ich kurz vor einem entsetzlichen Hustenanfall war. Trockene Luft in diesen Flughafen-Restaurants. Warum mußte ich das jetzt und hier «live» erleben?

In meiner Phantasie hatte ich mir Peters Schweizer Freundin immer hager und klein vorgestellt und sehr viel älter als sie anscheinend war. Aber sie war eine ausgesprochen attraktive Frau, das mußte ihr der Neid schon lassen. Groß und schlank, kurze blonde Haare, eine sportliche Erscheinung mit einem anscheinend gesunden Selbstbewußtsein. Wir hatten niemals über sie gesprochen. Diese Themen gab es bei Peter und mir nicht. Auch von meinem Regierungsdirektor hatte ich ihm ja nie erzählt. Wir wollten uns wohl nicht verletzen, also schwiegen wir darüber. Es blieb mir nichts anderes übrig, als es immer wieder zu erspüren oder zu erraten, ob Peter glücklich oder unglücklich war. Seit wir uns kannten, hatte ich mir jedoch immer eingebildet, seine Freundin gäbe ihm nicht genug Herzenswärme und könne ihn überhaupt nicht verstehen und so annehmen wie er war. Ich weiß nicht, irgendwie glaubte ich es zwischen den Zeilen zu lesen.

Ob ich mich getäuscht hatte? Sie gingen hier jedenfalls sehr nett und höflich miteinander um.

Peter bestellte einen Tee für «seine Rose», einen Kaffee für sich und mich, und aus dem Gespräch der beiden entnahm ich schließlich, daß seine Freundin auf den Flieger nach Teneriffa wartete, der laut Flugplan um drei Minuten nach acht starten sollte. Zu meiner tiefsten Befriedigung flog sie also offensichtlich allein! Ich hatte alle Mühe, Peter und seine Begleitung nicht ununterbrochen anzustarren, sondern mich scheinbar völlig unbefangen im Restaurant und immer wieder in meiner Handtasche und meinen Reiseunterlagen umzusehen. Peter wandte sich mir aufmerksam zu, lächelte und fragte nach meinem Reiseziel, nach meiner Abflugzeit und nach dem Wohlbefinden meines erfundenen Chefs, dem ich hier eine außerordentlich gute Verfassung zusprach.

Nach einer knappen dreiviertel Stunde verabschiedeten sich beide ausgesprochen höflich und galant von mir, wir wünschten uns gegenseitig alles Gute, Peter schenkte mir ein letztes Lächeln und begleitete seine Frau Rosengärtner-Grosse zum Einchecken. Er schaute sich nicht mehr um.

Da saß ich nun. Wie unter Schock bestellte ich mir einen doppelten Cognac, da mein Magen rebellierte und mir eine fürchterliche Übelkeit bereitete. Mein Peter! Warum war er denn nur nicht allein gewesen? Wir hätten so viel zu erzählen gehabt. Er wußte doch noch nichts von meinen Plänen mit Salzburg! Ich hätte es ihm sagen müssen. Aber diese aufmerksamen Blicke seiner Freundin hielten mich einfach zurück vorhin. Die ganze Zeit hatte ich überlegt, ob ich ihm einfach einen Zettel mit einer Nachricht zuschieben sollte, aber Frau Rosengärtner-Grosses Blase war zu meinem Bedauern wohl überdurchschnittlich voluminös, so daß sie während dieser mir wie eine Ewigkeit vorkommenden Zeit vorhin nicht ein einziges Mal das Damen-Örtchen hatte aufsuchen müssen und sich somit keine Gelegenheit ergab, auch nur ein einziges Wort mit Peter allein zu wechseln.

Der Cognac beruhigte mich auch nicht, so daß ich die Toilette am anderen Ende des Restaurants aufsuchte, um mich frisch zu machen und meine innere Hitze in den Griff zu bekommen. Auf dem Weg dorthin sah ich durch die Fensterfront in das Flughafengebäude. Vor den Schaltern draußen standen nun Menschenmassen in langen Reihen an. Als ich die Treppe zu den Örtlichkeiten hinunterging, begegnete mir ein Nikolaus, der mich freundlich anlächelte, und für einen Moment war ich versucht, stehen zu bleiben und ihm meinen geheimen Wunsch anzuvertrauen, so wie sie es im Fernsehen manchmal zeigten. Aber das waren ja Kinderfilme, also ließ ich es und ging weiter.

Warum hatte mir das heute passieren müssen, daß ich Peter sah? Gerade in dem Moment, wo ich mich endlich durch die Reise ablenken wollte. Ich wollte und durfte nicht mehr so intensiv an ihn denken. Und dann das heute. Warum flog seine Freundin alleine in den Urlaub? Mein Peter! Gut sah er aus, und immer noch hatte ich dieses unerklärliche Gefühl für ihn. Diese Nähe, diese Vertrautheit! Sie war auch vorhin sofort wieder da gewesen. Was war das denn nur? Ich war doch schließlich kein Teenager mehr, hatte doch auch einige Erfahrungen mit Männern gemacht, aber dieses unheimlich nahe Gefühl hatte ich wirklich niemals zuvor gespürt! Das war keine Einbildung. Und dann diese Konfrontation mit der krassen Wirklichkeit vorhin, die leibhaftig neben ihm gesessen hatte.

Ich saß hinter der geschlossenen Toilettentür, und die Tränen liefen mir nun doch über die Wangen, ich konnte sie nicht mehr aufhalten. Gut, daß mir das vorhin nicht passiert war.

Meine Vorfreude auf Rom war wie weggeflogen. Hätte ich Peter nicht doch von Salzburg erzählen sollen? Hätte mir doch egal sein können, was seine Freundin dachte.

Als ich an meinen Tisch zurückkehrte, traf mich zum zweiten Mal an diesem Tag der Schlag. Mit dem Rücken zu mir saß «er» und drehte sich nicht einmal um, als ich an den Tisch trat.

«Peter? Ist, ähm, bist du allein? Ist deine Freundin schon weg?…»

«Jaja, komm, nun setz dich. Wir haben ja noch etwas Zeit bis zu deinem Abflug, und ich konnte dich nicht so zurücklassen, Gaby. Weißt du, wenn wir uns heute hier nicht durch Zufall getroffen hätten, dann hätte ich es dir geschrieben, aber so ist es besser…»

Peter schaute draußen einem steil gen Himmel aufsteigenden Jet hinterher.

«…da fliegt sie gerade. Sie wird vielleicht gar nicht mehr wiederkommen, Gaby. Komm sag erst einmal, was trinken wir?…»

Er winkte den Kellner herbei, und wir entschieden uns beide für Kaffee und Cognac.

«…weißt du, ich denke, dir kam einiges sehr seltsam vor in der Vergangenheit, mein Verhalten dir gegenüber, und ich will einfach versuchen, es dir zu erklären. Ich wollte dich trotz allem niemals verletzen, das mußt du mir bitte glauben! Aber ich wollte und mußte einfach alles tun, um die Beziehung zu Petra aufrecht zu erhalten. Wir hatten enorme Schwierigkeiten in der letzten Zeit, weißt du? Hm, Prost, Gaby, komm, laß uns erst einmal auf unser Wiedersehen anstoßen…»

Ich saß ihm gegenüber auf der langen Bank vor dem großen Fenster und hörte ihm zu. Sprechen konnte ich im Moment nicht, ich wollte wirklich einfach nur zuhören. Der Cognac wärmte mich nun doch innerlich, und als Peter meine Hände auf dem Tisch in die seinen legte, breitete sich wieder diese wohlige Wärme in mir aus.

«…nun, Gaby, wir haben nie darüber gesprochen, aber Petra und ich hatten einfach jeder unser eigenes Päckchen zu tragen, und irgendwann merkten wir, daß wir uns nach diesen Jahren, die wir nun nach meiner Scheidung schon zusammen waren, immer mehr voneinander entfernten. Unmerklich, aber stetig. Weißt du, meine Ehe ist daran zerbrochen, daß wir uns nichts mehr zu sagen hatten damals, und ich bekam eine ungeheure Angst, daß es mir ein zweites Mal passieren würde, meine Partnerin zu verlieren. Als ich dich dann in diesem AOL kennenlernte, warst du eine erfrischende Abwechslung für mich. Eine Frau, die einfach da war, mit der ich lachen konnte und ein wenig flirten…»

«…eine *erfrischende Abwechslung*, Peter?…»

Meine Wangen glühten, und ich entzog ihm meine Hände, führte die Kaffeetasse an meine Lippen. Bloß nicht weinen jetzt, bloß nicht weinen.

«…nein, nein, laß mich bitte ausreden. Ich bin da damals in etwas hineingeglitten ohne es zu wollen. Anfangs wollte ich wirklich nur etwas Abwechslung haben, einfach so, um mich zu entspannen zwischen der Programmiererei und von den Ängsten in bezug auf die Beziehung zu Petra. Kannst du das verstehen?

Die Gespräche mit dir waren so wohltuend zwischen all dem Streß, und ich habe es einfach genossen. Einfach so genossen...»

Ich nickte stumm.

«...und dann plötzlich merkte ich, daß ich mit dir reden konnte, daß du offen und ehrlich warst. Einer wildfremden Frau, die du damals ja noch für mich warst, konnte ich mich anvertrauen, und du gabst mir das Gefühl von Verständnis. Eines Tages entwickelten sich dann bei mir Gefühle für dich, die wir gemeinsam erlebt haben am Bildschirm, aber die ich nicht zulassen wollte. Ich wehrte mich dagegen und kam doch nicht dagegen an. Du warst doch zunächst einfach nur eine Traumfigur und wurdest dann plötzlich zu einem realen Menschen. Na ja, und schließlich wurde in meiner Beziehung zu Petra dann alles noch komplizierter...»

«...du willst sagen, ich habe dir mehr geschadet als genutzt? Ist es das, was du mir sagen willst?...»

Ich weinte schon wieder, dieses Mal aber lauter, ...innerlich.

«...nein, ach Gaby, nein! Aber ich mußte mich von dir distanzieren oder nein, besser gesagt, von meinen Gefühlen zu dir. Sonst hätte ich keine Chance gehabt, es ernsthaft mit Petra noch einmal zu versuchen. Du warst mit einem Mal da, schneitest in mein Leben, und ich konnte damit nicht umgehen. Und als wir uns dann getroffen hatten, wurde es ganz eng. Ich mag dich, Gaby, das weißt du ganz genau, darüber brauchen wir nicht zu sprechen. Wir beide haben da etwas gespürt, das es nur ganz selten gibt. Und ich wußte: Distanziere ich mich nicht sofort und ziemlich krass von dir, habe ich meine zweite Beziehung, die zu Petra, auch vermurkst, und das wollte ich nicht...»

Ich nickte unablässig, verstand ihn, wußte es ja längst.

«...und? Habt ihr es hingekriegt? Hast du mich verdrängt aus deinem Leben? Ich habe einfach zu sehr an unseren gemeinsamen Weg geglaubt, Peter. Vielleicht habe ich mich ja auch hineingesteigert in diese Träume, ich weiß doch auch nicht. Mich trifft die gleiche Schuld an dieser verfahrenen Geschichte, ich weiß es wohl...»

«...nein, sprich nicht von Schuld, Gaby. Es war einfach Schicksal. Irgendwie können wir doch dankbar sein, daß wir das erleben durften, auch wenn es uns beiden dann manchmal weh getan hat, weil es die letzte Erfüllung unserer Träume nicht gab. Petra fliegt jetzt gerade zu ihren Eltern, sie will über Weihnachten dort bleiben und über alles nachdenken…»

Peter hatte wieder nach meiner linken Hand gegriffen und zwischen die seinen gebettet.

«…ich, verzeih mir bitte, aber ich habe ihr von dir erzählt, nicht namentlich, aber eben, daß es dich gibt. Und nach dieser Beichte ist es mir erstmals in unserer Beziehung und in meinem Leben überhaupt gelungen, über meine Träume und Sehnsüchte zu sprechen. Ich habe das wirklich niemals zuvor geschafft, Gaby, habe es mir verboten und gedacht, das müsse ich mit mir allein ausmachen. Aber bei und mit dir habe ich gelernt, wie wunderbar es sein kann, über seine Gefühle und Wünsche zu sprechen. Du hast es mir oft genug vorgemacht. Ich kannte mich ja selbst nicht wieder. Ich schrieb da Dinge in diesen Computer, die ich dachte und empfand, aber niemals ausgesprochen hatte…»

Peter streichelte meine Hände jetzt liebevoll, was einen wohligen Schauer durch meinen Körper jagte.

«…meine Petra verstand mich zunächst nicht, machte mir Vorwürfe und wollte mich auf der Stelle verlassen. Dann aber lenkte sie doch ein, und wir haben versucht, rücksichtsvoll miteinander umzugehen und gegenseitig Verständnis zu finden. Wir haben dann viele Nächte hindurch geredet, vieles geklärt, und vieles ist auch eben noch nicht geklärt. Sie hat sicher manches von mir vorher nicht gewußt und nicht einmal geahnt, und ich glaube, sie wird wirklich ernsthaft nachdenken müssen, ob sie mit den Dingen umgehen und leben kann, die ich ihr nun alle anvertraut habe. Trotzdem bin ich dir unheimlich dankbar, daß du damals in mein Leben tratest. Ich weiß immer noch nicht, wie alles weitergehen mag, aber ich wollte dir das einfach sagen. Verzeih mir, Gaby, wenn du kannst, ich habe es wirklich nicht schlecht gemeint mit dir und wollte dich niemals verletzen!»

«…Peter, ist es, …sag mir, was soll denn nun werden? Was sollen wir tun? Ich habe so etwas doch auch noch nie erlebt, und ich weiß genausowenig mit dieser Situation umzugehen wie du und deine Petra. Niemals habe ich mich zwischen dich und sie drängen wollen, jedenfalls nicht bewußt. Es ist einfach passiert! Und ich habe genauso wie du mit keinem Menschen jemals so über meine Gefühle sprechen können wie mit dir. Das hat dieses Vertrauen geschaffen zwischen uns, und irgendwann dachte ich dann, so einen Menschen wie dich würde ich furchtbar gerne um mich haben wollen, eben im realen Leben. Du weißt, ich habe dich immer geschätzt, und das ist nach wie vor so. Du bist nicht der, der leichtfertig alles über Bord wirft, und das ist wunderbar und ganz selten! Auch wenn es gegen mich ist und ich wie der Verlierer da stehe, verstehe ich dich, Peter. Ich habe dich übrigens immer verstanden, ob du es glaubst oder nicht. Auch wenn es manchmal weh tat und ich dich zuletzt so sehr drängte…»

Peter setzte sich zu mir auf die Bank und legte den Arm um mich. Freundschaftlich. Und für einen kurzen Moment legte ich meinen Kopf auf seine linke Schulter. Ganz so wie ich es mir immer gewünscht und schon tausendmal geträumt hatte. Die aufsteigenden Tränen füllten meine Augen nun doch, aber ich schämte mich nicht dafür. Peters Augen lachten heute auch nicht.

«…wir werden Freunde bleiben, du und ich, Gaby. Versprichst du mir das? Ich habe dich wirklich lieb, und wir haben uns sehr gut kennengelernt in dieser Zeit. Nur, es geht eben im Moment nicht, daß wir etwas anfangen, wo wir beide so unsicher sind und ich nicht frei bin. Immer noch nicht, Gaby. Ich selbst weiß nicht, was ich genau will und was werden wird. Schau du nach vorn und warte nicht auf mich, das kann ich nicht erwarten, und das will ich auch nicht. Sollte ich eines Tages aber dann irgendwann…»

«…psst, nein, Liebes, sag das nicht…, bitte nicht!»

Ich legte meinen rechten Zeigefinger auf Peters Lippen.

«…keine Hoffnung mehr machen, Peter. Keine Hoffnung mehr! Wir bleiben Freunde, ich versprech's! Aber hoffen will ich eben nicht mehr. Und weißt du was? Ich wünsche mir, daß du mit deiner Petra einen Weg findest, um noch ehrlicher und viel bewußter da weiterzumachen, wo ich damals dazwischenfunkte…»

Der dritte und letzte Aufruf.

Peter zahlte und begleitete mich in Richtung Abflughalle für den Flug nach Rom.

«…du, Peter, ich gehe übrigens im Februar nach Salzburg. Für immer. Vielleicht. Ich weiß es eigentlich noch nicht so ganz genau, aber…»

«…nach *Salzburg*? Ja, aber wieso denn? So weit? Ganz weg aus Deutschland? Nein, Gaby, nein! Du hast einen anderen Mann kennenglernt? Ist es…»

«…nein, nein, Peter, es ist nicht wegen eines anderen Mannes, nein…»

Aus seinem Gesicht war von einem Moment zum anderen die Farbe gewichen, ich hatte es ganz genau gesehen! Hatte er doch Angst, mich zu verlieren und war sich nur immer noch nicht bewußt geworden, ob und was er für mich empfand?

«…ich habe dort einen interessanten Job angeboten bekommen, und ich denke, es ist an der Zeit, noch einmal von vorn anzufangen. Ich habe mich allerdings noch nicht so ganz hundertprozentig entschieden…»

«…Gaby, Salzburg, das ist so weit. Irgendwann würde doch vielleicht alles gut, aber…»

Gut, daß ich noch dieses große gebügelte Taschentuch in meiner Manteltasche hatte, in dem ich nun die Nase und einen Großteil meines Gesichtes verstecken konnte.

«…nein, nein, entschuldige! Du hast recht, ich darf dir nicht im Wege stehen, ich kann dir einfach nichts versprechen, ich weiß es nicht. Ja, richte deinen Blick nach vorn, …»

«…ja, Peter, …» stammelte ich,

«…ja! Ich weiß, ich muß es. Aber laß uns vernünftig sein, wir warten halt ab, was werden wird. Im Moment weiß ich genausowenig wie du. Und nein, ich werde nicht mehr auf etwas warten, das du vielleicht niemals erfüllen kannst oder willst. Werde glücklich, mein Schatz, dann ist alles gut! Wir beiden bleiben in Verbindung, ja?»

Wir waren am Abfertigungsschalter angekommen, und es wurde höchste Zeit zum Einchecken.

«…du, ich muß jetzt. Danke für dieses Gespräch. Danke, daß du noch einmal zurückgekommen bist! Ich, …ich habe dich sehr lieb!…»

Ich ging den letzten Schritt auf ihn zu. Es war der letzte Schritt von ihm weg.

Ich drückte mich an ihn, spürte ein leichtes Zögern in seiner Bewegung. Ein erstes und letztes festes Umarmen, ein letztes Spüren, eine letzte prickelnde Gänsehaut, warm und kalt zugleich. Es war, als würde ich von dieser Welt Abschied nehmen.

«Paß auf dich auf, Kleines», meinte er leise und mit rauher Stimme. Ich nickte. Was blieb mir auch anderes übrig.

Ganz automatisch drückte ich ihm einen feuchten Kuß auf die Lippen und wendete mich daraufhin schnell ab.

Nach der Zollpassage drehte ich mich noch einmal um. Peter stand noch dort und winkte. Ich lächelte und winkte zurück.

«Fliegen Sie nach Rom?» fragte eine männliche Stimme neben mir. Ich betrachtete ihren Besitzer. Er war schon etwas älter, doch sympathisch, das mußte ich zugeben. Trotzdem schüttelte ich den Kopf.

«Nein, nur weg hier!»

«Sehr schön...» lächelte er verständnisvoll, «...wenn es Sie interessiert, kann ich Ihnen das ‹nur weg hier› zeigen, ich habe nämlich viele Jahre in Rom gelebt.»

Müde lehnte ich mich im Sitz zurück. Wir waren längst über den Wolken, und ich merkte nur noch, daß mein Kopf an seinen linken Oberarm sank.

Die dritte Valium tat ihre Wirkung, noch bevor ich ihm antworten konnte.

Kleines Internet-Lexikon

Account Bezeichnung für die Regelung der Zugangsberechtigung zu einem Netzwerk oder einer *Mailbox*. Ein *Account* enthält dabei in der Regel den Benutzernamen und das Paßwort; beide müssen vom Anwender vor Benutzung des Systems eingegeben werden.

Adresse Ähnlich einer Postanschrift dient eine Adresse zur Lokalisierung eines Anwenders (E-Mail-Adresse) oder eines Rechners im Netz (IP-Adresse).

Attachment Bedeutet wörtlich übersetzt «Anhängsel» oder «Anlage». Bezeichnet die Kombination einer E-Mail mit einer ihr angehängten Datei.

Benutzerkennung Identifikation eines Anwenders in einem Netz oder *Online-Dienst*. Dies kann ein realer Name, ein Pseudonym oder auch eine Zahlenfolge sein.

Browser Bezeichnung für Anwendungsprogramme mit grafischer Benutzeroberfläche, die das Navigieren im *WWW* per Mausklick erlauben.

Chat (siehe auch Bedienerhandbuch für Einsteiger): Englischer Begriff für die Unterhaltung zweier Anwender mittels Tastatur und Bildschirm. Das funktioniert mit einer direkten Verbindung beider Rechner per *Modem* und durch die Nutzung ensprechender Funktionen von *Online-Dienst*en, sogenannten Telegrammen (teles).

Download Oberbegriff für das Übertragen (Herunterladen) von Dateien aus einem *Online-Dienst* oder einer *Mailbox* in den eigenen Computer.

E-Mail (siehe auch Bedienerhandbuch für Einsteiger): Kurzform für Electronic Mail; übersetzt: «Elektronische Post»; die meistgenutzte Funktion des Internets. Elektronische Briefe sind in der Regel Textmitteilungen, die innerhalb eines Kommunikationsverbundes

(*Online-Dienst*, Firmennetz oder Internet) von einem Teilnehmer zum anderen geschickt werden können. Es müssen hierfür nicht beide Teilnehmer gleichzeitig mit einem Netz verbunden sein; der Absender muß lediglich die E-Mail-Adresse des Empfängers kennen und schickt die Nachricht an dessen Postfach. E-Mails können auch mit Attachments (angehängten Dateien) versehen sein.

E-Mail-Adresse Analog zu herkömmlichen Postanschriften erhalten Teilnehmer eines *Online-Dienst*es, einer *Mailbox* oder des Internet eine Adresse, an die man E-Mail-Nachrichten senden kann. Die E-Mail-Adresse verweist nicht auf den Rechner des Adressaten, sondern auf sein Postfach beim *Online-Dienst* oder *Provider*. Innerhalb von *Online-Dienst*en enstpricht die E-Mail-Adresse der Benutzerkennung des jeweiligen Anwenders. Im Internet wird noch eine Zeichenfolge angehängt, die in der Regel aus dem Zeichen «@» und dem Namen des Netzes besteht.

Forum-Scouts (FSCTs) Freiwillige (ehrenamtliche) Helfer bei AOL. Erkennbar an dem Präfix *FSCT* vor dem AOL-Namen. Sie sind die Architekten, Redakteure, Bauarbeiter, Pfadfinder und Gestalter der Welt von AOL.

Einige Scouts sind zuständig für die Pflege der Datei-Archive (auch Software Libraries oder kurz Softlibs genannt), aus denen man Sounds, Grafiken, Programme und vieles mehr herunterladen kann. Die Aufgabe dieser Scouts besteht darin, die eingegangenen Uploads (von Mitgliedern aufgespielte Dateien) auf Funktionsfähigkeit und auf Viren hin zu prüfen.

Andere Scouts sind für die Schwarzen Bretter (auch Pinboards genannt) zuständig. Diese Scouts beantworten Anfragen von Mitgliedern und achten auf Aktualität in den Pinboards und darauf, daß die Mitteilungen am Schwarzen Brett nicht gegen die AOL-Nutzungsbedingungen verstoßen.

Wieder andere Scouts sind für die Konzeption, Gestaltung und Programmierung von Wettbewerben, Online-Zeitungen und dergleichen mehr zuständig.

Manche Scouts sind in speziellen Bereichen tätig. Um dies auf den ersten Blick kenntlich zu machen, tragen sie ein spezielles Kürzel vor dem Namen. Derzeit gibt es neben den FSCTs die PCDs (Abkürzung für Personal Computing Deutschland), die in den Computing-Foren tätig sind, und die WCTMs im WelCome TeaM.

Jeder Scout hat einen Bereich, den er technisch und inhaltlich betreut, zum Beispiel eines der Foren, die Sie in jeder Area finden. Der Scout kümmert sich um die Ordnung und die Einhaltung der Nutzungsbedingungen in den Pinboards, gibt Ihre Uploads in die Software-Archive nach einem Virencheck frei und moderiert die wöchentlichen Konferenzen des Forums.

Außerdem gehört es zu den Aufgaben eines FSCTs, zusammen mit den AOL-Usern, die seinen Bereich besuchen, Ideen für Inhalte zu entwickeln und diese Ideen umzusetzen.

Hacker Der Begriff «*Hacker*» ist von der Lieblingsbeschäftigung einiger Computerfreaks, nämlich dem Ausprobieren neuer Zugangsberechtigungen bei Großrechneranlagen und dem Testen von Paßwörtern durch «Herumhacken» auf der Tastatur abgeleitet. Als *Hacker* bezeichnet man hochspezialisierte Computerfreaks, hauptsächlich im Datenfernübertragungsbereich.

HTML HyperText Markup Language. Bezeichnung für eine Kodierungssprache, die Inhalt und Formatierung von *WWW*-Seiten definiert. *HTML* ist eine Programmiersprache, die logische Komponenten eines Dokuments miteinander verbindet.

Internet International Network. Allgemeine Bezeichnung für ein großes Datennetz, das sich aus vielen lokalen Netzwerken zusammensetzt. Das *Internet* ist nicht kommerziell und besitzt keine klare Gliederung. Jeder lokale Server fungiert quasi selbständig.

Konferenz (siehe auch Bedienerhandbuch für Einsteiger): Bezeichnung für eine Kommunikation zwischen Anwendern mit Hilfe der Tastatur und des Bildschirms. *Konferenz*en finden entweder in *Mailbox*en, *Online-Diensten* (etwa AOL, T-Online) oder dem *Internet* statt. Gegenüber dem *Chat* per Telegramm ist die Teilnehmeranzahl bei einer *Konferenz* nicht auf zwei Anwender beschränkt, sondern je nach System können teilweise mehrere dutzend Anwender gleichzeitig an einer *Konferenz* teilnehmen. Es gibt sowohl öffentliche *Konferenzen*, an denen sich jeder Anwender beteiligen kann, als auch private *Konferenzen*, die auf bestimmte Anwender beschränkt sind.

Link (Hyperlink) Ein Querverweis auf weitere Informationsangebote. Meist farblich abgesetzt. Mit einem Klick auf den Link wird automatisch ein *Browser* aktiviert, der die dazugehörige Seite im *Internet* aufruft.

Mailbox Bezeichnung für ein Postfach, z. B. bei einem *Online-Dienst*. Ein spezielles Verzeichnis zur Aufbewahrung und zum Transport von *E-Mails*.

Modem MOdulator-DEModulator. Ein *Modem* ermöglicht die Verbindung zweier Rechner über die Telefonleitung, indem es die digitalen Daten des Computers in analoge Signale umwandelt und umgekehrt.

Offline Bezeichnung für den Zustand nach einer beendeten oder abgebrochenen Verbindung mit einem *Online-Dienst* oder einer *Mailbox*.

Online Bedeutet wörtlich: «aktive Leitung» und ist das Gegenteil von *offline*, das heißt, die Verbindung zu einem *Online-Dienst* oder dem *Internet* besteht.

Online-Dienst Im Gegensatz zum *Internet* ist ein *Online-Dienst* ein geschlossener Rechnerverbund mit einer zentralen Verwaltung.

*Online-Dienst*e sind de facto kommerzielle Einrichtungen. Ihre Betreiber leben von den Benutzergebühren, die ihre Mitglieder für den Zugang bezahlen. Dafür sind dann auch die verfügbaren Datenbestände, anders als im *Internet*, organisiert, strukturiert und gepflegt. Bekannte *Online-Dienst*e sind zum Beispiel: America Online (AOL) und T-Online. Viele *Online-Dienst*e fungieren gleichzeitig als *Provider* oder ermöglichen den Zugang auf bestimmte Bereiche des *Internet*.

OnlineHost Grossrechner.

Pseudonym Ein Pseudonym ist ein frei gewählter Phantasiename, der in vielen *Mailbox*en oder *Online-Dienst*en als Benutzerkennung anstelle des richtigen Namens verwendet wird.

Provider Bezeichnung für den Anbieter eines *Internet*-Zugangs. Ein *Provider* bietet üblicherweise Einwählmöglichkeiten über *Modem* sowie ISDN-Verbindungen ins *Internet* an und verlangt dafür entweder einen monatlichen Pauschalbetrag oder/und zeit- oder datentransferabhängige Nutzungsgebühren. Auch einige *Online-Dienst*e fungieren als *Internet-Provider* (z.B. AOL).

Smiley Smileys sind stilisierte Gesichter, die aus ASCII-Zeichen aufgebaut werden, um in Telegrammen oder E-Mails die Stimmungslage (oder einen ironischen Unterton) des Absenders ausdrücken zu können. Um die beabsichtigte Botschaft entziffern zu können, sollte man den Kopf nach links neigen – und mit etwas Phantasie sind die «Gesichter» dann auch zu erkennen. Beispiele:

:-) Lächeln, Spaß, User freut sich
;-) Augenzinkern
:-(Enttäuschung, traurig, schlecht gelaunt
:-D Breites Lachen
:-> Sarkastisches Lachen

Weitere Kürzel für eine «lebendige» Computersprache:

:-xx zwei Küsschen
:-XX zwei innige Küsse
LOL lautes Lachen
<smile> lächeln
<g> grinsen

oder auch der jeweilige Gemütszustand in spitzen Klammern, wie z.B. <heul>, <freu>, <traurigguck>, <rotwerd> usw.

Upload Das Senden einer Datei an eine *Mailbox* oder einen *Online-Dienst*, Gegenteil zu *Download*.

Username Bezeichnung für den Benutzernamen (die Benutzerkennung), der den Teilnehmer eines *Online-Dienst*es, einer *Mailbox* oder des *Internet* eindeutig identifiziert. Im *Internet* ist der *Username* gleichzeitig die E-Mail-Adresse. Die Einheit aus Benutzername, Paßwort und Zugriffsrechten wird dann auch als *Account* bezeichnet.

Wave Eine vertonte Datei, die als Attachment mit einer E-Mail verschickt werden kann.

WWW World Wide Web. Eine Art Unternetz im *Internet*, das von WWW-Servern gebildet wird, die Dateien im *HTML*-Format bereitstellen. Es ermöglicht die Darstellung von Texten, Grafiken, Animationen und Videos sowie das Einbinden von *Links*. Wenn vom *Internet* die Rede ist, ist meist das WWW gemeint.

Kleines AOL-Bedienerhandbuch für Einsteiger

Sicherlich gibt es für die unten aufgeführten Funktionen noch andere und eventuell professionellere Möglichkeiten, zum Ziel zu kommen. Die lernt Ihr aber besser, wenn Ihr erst einmal selbst online seid und Euch nach und nach immer mehr eigene Kenntnisse aneignet. Ich habe einfach nur aus meiner ganz persönlichen Erfahrung hier niedergeschrieben, wie ich es neuen Usern in AOL immer wieder erkläre. Diese kleine Anleitung soll Euch also nur eine Hilfestellung für die ersten Schritte sein, falls Ihr Euch – so wie ich damals – bisher noch nicht im Internet oder in einem Online-Dienst auskennt.

Also, viel Spaß, und bis gleich ;-))

* 1) Chaträume

Siehe unter Punkt 3.0 bis 3.6 «Chatten...»

* 2) Profil

Ein Profil ist Deine Visitenkarte, die Du Dir erstellen kannst, wenn Du ONLINE bist.

Oben in der Menüleiste siehst Du den Button «**Mitglieder**» ... (anklicken)

dann gehst Du auf «MEIN AOL» ... (doppelklick) ... ok?

Rechts oben siehst Du: **Erste Einstellungen** (doppelklick)

Nun klickst Du «MITGLIEDERPROFIL» an und ...

es erscheint die Maske Deiner «Visitenkarte», in der Du Deine persönlichen Angaben eintragen kannst (natürlich nur die, die Du von Dir wirklich preisgeben magst)

zum Schluß drückst Du auf «**AKTUALISIEREN**» ...

Alles klar? Gut gemacht :-)

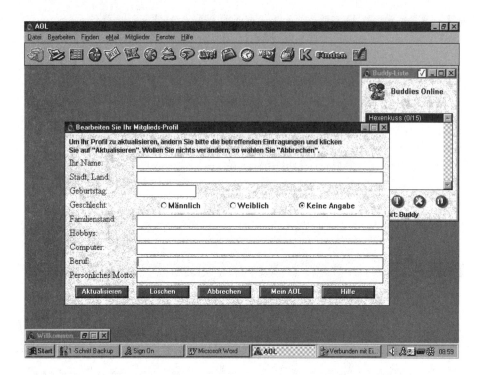

Mein persönlicher Tip

Schau Dir Dein eigenes Profil doch mal an, indem Du ONLINE die STRG-TASTE auf der Tastatur gedrückt hältst und «P» tippst (für Profil)...

dann gibst Du mal Deinen neuen Namen « ... » ein ...

und prompt erscheint schon Dein soeben erstelltes Profil, das sich nun alle ansehen können, die wissen wollen, wer sich hinter Deinem Namen verbirgt :-))

Überlege Dir gut, ob Du als «normaler Chatter» unbedingt Deinen (richtigen) Nachnamen angibst und Deine Adresse oder gar Telefonnummer. Es kann sein, daß Du sonst Deines Lebens nicht mehr froh wirst (oder gerade??? hm, <grübel>) ... na ja, wie Du willst <smile>. Du solltest auf alle Fälle aber damit rechnen, daß Du bei einem offiziellen Outing Deiner Person auch jederzeit privat (in «real life» <g>) belästigt werden kannst. Denk nur an die vielen Erotomanen, die sich hier tummeln ;-)

Übrigens erscheinst Du nicht im Mitgliederverzeichnis, wenn Du Dir kein Profil angelegt hast.

* 3) Chatten...

3.1) Chatten per Telegramm

Mit einem Telegramm kannst Du direkt mit einem anderen Mitglied online kommunizieren. Das Telegramm kann nur von Dir und dem Empfänger des Telegramms gesehen werden. Voraussetzung für das Verschicken von Telegrammen ist, daß beide zur gleichen Zeit angemeldet sind.

Und wie schickst Du ein Telegramm?
a) die Person ist schon in Deiner Buddy-List eingetragen und gerade online

Klick einmal mit der Maustaste auf den Namen in Deiner Buddy-Liste, dem Du ein Telegramm schicken möchtest. Unten in der Buddy-Liste findest Du einen Button «T» für Telegramm (anklicken) ... es erscheint ein Telegrammfenster, in dem als Empfänger schon der von Dir gewählte Adressat eingetragen ist. Du schreibst einfach den Text und drückst auf «Absenden»

oder ...

b) die Person ist noch nicht in Deiner Buddy-Liste eingetragen, sondern Du hast den Namen gerade erst im Mitgliederverzeichnis entdeckt ...

dann merke Dir den «Screen-Name» und geh auf den Button «Mitglieder» (oben auf der Task-Leiste) und auf «Telegramm schicken». Hier mußt Du dann den Empfängernamen selbst eingeben.

Mein persönlicher Tip
Ich bevorzuge im Fall b) allerdings, die Tastenkombination STRG + T (Windows) bzw. Befehlstaste + T (Mac) zu benutzen. Das Fenster «Telegramm schicken» erscheint dann auf dem Bildschirm.

Gib dann in das Feld «An» den AOL-Namen des Mitglieds ein, das Dein Telegramm erhalten soll. Durch einen Mausklick im Telegramm auf den Button «Online?» erfährst Du, ob dieses AOL-Mitglied gerade angemeldet ist und somit überhaupt in der Lage ist, Telegramme zu empfangen.

3.2) Chatten in Chaträumen
Es gibt drei Arten von Mitglieder-Chaträumen, in denen sich jeweils bis zu 24 Teilnehmer aufhalten können.

3.2.1) ... in Konferenzen ...
Verschaff Dir zunächst einen Überblick, welche Konferenz zu welchem Datum und welcher Uhrzeit stattfindet. Dazu gibst Du unter «Kennwort» (STRG und K gedrückt halten) den Begriff «Konferenzen» ein.

Es erscheint eine Programmübersicht, die Dir in einem Terminplaner die gesamten Veranstaltungen der Woche anzeigt. Klick den jeweiligen Wochentag an, über den Du informiert werden möchtest. Hinter jedem Termin steht in Klammern der BEREICH, zu dem das Forum gehört. MERKE DIR DEN BEREICH! Zu jedem Konferenzthema erhältst Du weitere Informationen, wenn Du es doppelt anklickst. Die Konferenz ist eine moderierte Gesprächsrunde zu einem vorgegebenen Thema. Betreut werden diese Chats meist von dem zuständigen Forum-Scout.

Wie gelangst Du nun in den Konferenzraum?
a) Du hast Dir den Bereich gemerkt, in dem die Konferenz abgehalten wird,

dann gib einfach unter Kennwort (STRG und K gedrückt halten) diesen Bereich ein (zum Beispiel «Treffpunkt»). Hier findest Du einen Button «FOREN», «CHAT» oder auch «KONFERENZ». Jeweils mit Doppelklick gelangst Du schließlich in den richtigen Konferenzraum.

b) Du weißt den «Bereich» nicht mehr,

dann geh einfach noch einmal in den Konferenzkalender (unter Kennwort Konferenzen), klick den Tag an, das Konferenzthema, und dann auf den Button «ZUM CHAT». Viel Spaß!

Mein persönlicher Tip
Beachte auch im Konferenzkalender den jeweiligen «Tages-Tip». Mit dem Button «Zum Chat» gelangst Du direkt zu diesem oft sehr interessanten Live-Chat.

3.2.2) ... in einem Privatraum
Private Chaträume können nur von AOL-Mitgliedern eröffnet werden. Nur derjenige kann den Raum betreten, der den Raumnamen weiß. Eröffnest Du also einen Privatraum, kannst Du Deine Freunde per Telegramm oder E-Mail dorthin einladen. Andere User können höchstens Durch Zufall einmal dort landen, aber wenn Du sie darauf hinweist, ungestört bleiben zu wollen, verschwinden sie meist ganz schnell wieder ;-)

Der Vorteil im Vergleich zu einer Unterhaltung per Telegramm liegt also auf der Hand. Du kannst a) mehrere Deiner Freunde gleichzeitig in einem Raum treffen und ungestört mit ihnen reden und b) Dich mit einem Gesprächspartner allein dort austauschen, so wie Peter und ich es meist taten. Außerdem mußt Du Deinen geschriebenen Text nicht mit der Maustaste abschicken, sondern drückst einfach auf «Enter».

Wie eröffnest Du nun so einen Privatraum?
Oben in Deiner Menuleiste findest Du einen Button «Chat», der als Sprechblase abgebildet ist (doppelklick). Du landest in irgendeinem öffentlichen Mitgliedsraum, meist in einem Foyer. Dort siehst Du oben rechts einen Button «PRIVATER RAUM» (anklicken). Es erscheint ein Fenster, in dem Du einen Raumnamen Deiner Wahl eingeben kannst und den Du damit automatisch betrittst.

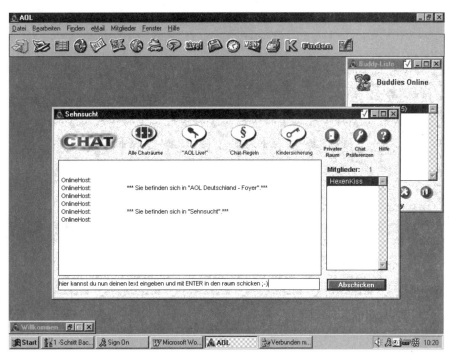

Bisher weißt jedoch nur Du allein diesen Raumnamen. Willst Du nun also einen oder mehrere Gesprächspartner dorthin einladen, mußt Du eine Einladung verschicken.

Dazu benutzt Du auf Deiner Buddy-List unten den vierten Button (Einladung). Beachte bitte unbedingt, daß Du oben den (die) richtigen Namen der Personen einträgst, die Du tatsächlich zu Dir in den Raum holen möchtest! Mir ist es nämlich schon oft passiert, daß ich Leute einlud, die ich dort gar nicht haben wollte ;-))) <peinlich>. Nun gibst Du auf der Einladung nur noch unten den richtigen Raumnamen ein, den Du gerade eröffnet hast, und schickst die Einladung ab.

Der Empfänger Deiner Einladung drückt nur noch auf «GEHE ZU» und landet direkt bei Dir im Raum :-)

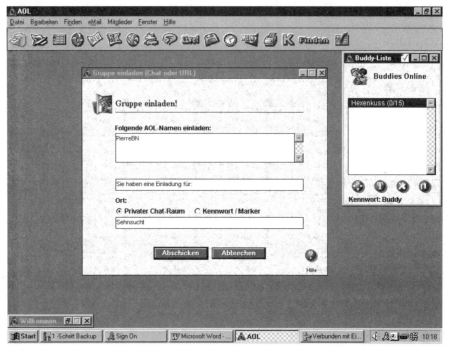

Mein persönlicher Tip
Wenn Dir der Raumname nicht wichtig ist, kannst Du auch direkt eine Einladung mit dem Button auf Deiner Buddy-List verschicken (wie oben beschrieben), ohne zuvor einen Raumnamen vergeben zu haben. In diesem Fall ist in Deiner Einladung automatisch ein Raumname eingetragen, und Du landest dann eben zum Beispiel im Raum «ChatNr...».

Witzig finde ich übrigens immer, daß der Raum sich «auflöst», sobald der letzte Teilnehmer ihn verlassen hat ;-)

3.2.3) ... in öffentlichen Chaträumen
Diese Räume werden von AOL-Mitarbeitern eröffnet und ermöglichen jedem User den Zutritt. Für jeden Bereich gibt es meist mehrere Räume. Je nachdem, wie voll es ist, findest Du manchmal sogar sechs bis sieben «Foyers», vier Räume «Grufties», drei Räume «Herzklopfen», und so weiter ;-)

Wenn Du Kennwort (STRG und K gedrückt halten) «CHAT» eingibst, kannst Du internationale Kontakte zu allen AOL-Usern knüpfen.

3.2.4) ... in Auditorien
Hier kannst Du Dich mit prominenten Gästen unterhalten. Im Konferenzkalender (siehe Punkt 3.2.1.) kannst Du Dir schon einen Überblick verschaffen, welcher prominente Gast erwartet wird. Das Auditorium ist ein großer Saal mit mehreren Sitzreihen. Ein Moderator stellt die jeweilige VIP vor, und Du kannst anschliessend nach Herzenslust Fragen stellen. Oft bekommst Du eine Antwort ;-)

Und wie gelangst Du ins Auditorium?
a) Gib unter Kennwort (STRG und K gedrückt halten) den Begriff «AOL LIVE» ein. Du siehst dann, welcher prominente Gast für welchen Termin erwartet wird. Zu dem angekündigten Datum kannst Du hier dann auch auf «Auditorium» drücken, schon bist Du «live» dabei ;-)

oder ...

b) gehe im Konferenzkalender auf den Button «Tages-Tip».

* 4) E-Mail

Du kannst zunächst alles OFFLINE erarbeiten, also melde Dich noch nicht im AOL an, okay?

Oben in der Menüleiste siehst Du einige Buttons, gehe mit der Maus auf «E-Mail» (anklicken) – danach auf «E-Mail schreiben» ...

Es öffnet sich eine Blanko-E-Mail, in der Du nun **offline** Deinen Text schreiben kannst ... (IMMER offline schreiben, so sparst Du Kosten)

Unter **An:** den Empfänger eintragen und unter **Thema:** den Betreff/ Titel (Du darfst das Feld nicht leer lassen, sonst muckt der Rechner)...

und dann schreibst Du einfach den Text; alles, was Du immer schon mal loswerden wolltest ;-) ... vielleicht denkst Du ja auch schon an ein paar Smileys? ;-)

Fertig? Vergiß den :-xxx (Kuß) nicht ;-)

Na, und dann klickst Du einfach auf «SPÄTER ABSCHICKEN»

(links das 2. Symbol von oben)...

die E-Mail verschwindet, und Du erhältst eine Meldung, daß Deine Nachricht für eine spätere Auslieferung gespeichert wurde.

Na? Richtig? ... Gut ;-)

Übrigens, Du kannst die Nachricht immer wieder offline und auch online aufrufen, um sie zu ergänzen oder zu verändern, solange Du sie noch nicht (online) abgeschickt hast ...

(und zwar klick dafür oben im Menü das geschriebene Wort «E-Mail» an, danach «Kurier E-Mail Ausgang», und Du siehst die Themen der gespeicherten (und noch nicht abgeschickten) E-Mails.

Unter «BEARBEITEN» kannst Du sie immer wieder verändern – und vergiß nicht, «ÄNDERUNGEN SPEICHERN» zu drücken! ...

So, nun geht's ans Abschicken.

Du meldest Dich an im AOL (endlich!), gehst also ONLINE ...

dann klick oben im Menü wieder auf **E-Mail** und danach auf «**Kurier E-Mail Ausgang**».

Du siehst unten einen Button «ALLE ABSCHICKEN» ...

klick drauf, und danach geht dann alles automatisch ;-)

Ach ja, es erscheint noch eine Meldung, daß Deine E-Mail(s) abgeschickt wurde(n).

Mein persönlicher Tip
Du kannst übrigens auch prüfen, ob der Empfänger (nur bei AOL-Mitgliedern) Deine Nachricht bereits gelesen hat ;-):

gehe unter E-Mail (im Menü oben) – dann «Verschickte E-Mail» –, und es werden Dir alle von Dir bereits verschickten Nachrichten aufgelistet.

Unten erscheint ein Button «STATUS» ...

klick also vorher die E-Mail an, von der Du wissen möchtest, ob sie bereits gelesen wurde, gehe dann auf STATUS ... und prompt sagt AOL Dir genau, ob und wann Deine E-Mail vom Empfänger gelesen wurde... ;-)

Des weiteren habe ich es immer sehr begrüßt, daß man eine an ein AOL-Mitglied verschickte E-Mail immer wieder zurückrufen kann, solange sie nicht vom Empfänger gelesen wurde. Das ist bei dem Adressieren an eine Internetadresse allerdings nicht möglich.

Alles klar? ... Gut ;-)

4.1) ... Anhang an eine E-Mail (attachment)
Du kannst Deiner E-Mail auch eine Datei anhängen und sie so dem Empfänger schicken.

Du hast ein Dokument auf der Festplatte oder einem Datenträger gespeichert und willst es nun versenden. Gehe also in Deiner E-Mail auf den Button: «ANHÄNGEN».

Es öffnet sich ein Fenster «Datei anhängen». Hier wählst Du nun das Laufwerk, den Ordner und den Dateinamen des gewünschten Anhangs und klickst doppelt darauf. In Deiner E-Mail siehst Du unter der Betreffzeile: Anhang: ...

Na, und dann einfach online absenden, der upload der Datei erfolgt automatisch, und die Dateiübertragung wird Dir bestätigt.

* 5) Zugang ins Internet über den Online-Dienst AOL

Wenn Du online bist, siehst Du in der Menüleiste oben bunte Buttons. Unter anderem siehst Du eine Weltkugel. Klicke sie an, und Du gelangst von dort aus ins WWW (World Wide Web). Gib die Internetadresse ein, nach der Du suchen willst, und bestätige mit Enter. Du findest auch einige Suchmaschinen, die Dir bei der Suche behilflich sein können. Aber schau Dich nur selbst einmal um ;-).

* 6) Buddy-Liste

Die Buddy-Liste brauchst Du, um zu sehen, wer gerade online ist von Deinen Freunden im AOL.

Geh nun Schritt für Schritt vor:
Anmelden und online gehen ...

Du hältst die STRG-Taste auf der Tastatur (unten links) gedrückt, tippst dann ein «K» für Kennwort ein, und in das erscheinende Fenster tippst Du «BUDDY».

Es erscheint ein buntes Fenster ... und Du sagst, Du willst eine neue Buddy-Liste ANLEGEN ...

Danach gib zunächst einen Namen für Deine Liste ein.

Nun hast Du die Möglichkeit, in dem weißen Feld den AOL-Namen Deines Freundes einzutragen (z.B. Hexenkuss <smile>) ...

Gehe nach jedem neuen Namen aber zunächst erst wieder mit der Maus auf NEUER BUDDY ...

Wenn Du alle Namen Deiner AOL-Freunde eingetragen hast, mußt Du unbedingt SPEICHERN! (nicht vergessen!)

Zum Schluß sagst Du dann ANSEHEN, und im rechten oberen Feld Deines Monitors erscheint jetzt Deine Buddy-List.

Sobald einer von Deinen dort eingetragenen Freunden online ist, siehst Du das und kannst Kontakt mit ihm aufnehmen ...

*7) Wettervorhersage

Internationaler Wetterbericht (auch Reisewetter) unter dem Button «Grüner Frosch» oben in der Menüleiste ;-)

*8) Flüge online buchen

Zuerst gehst Du auf der Icon-Leiste oben auf **Internet** (Weltkugel).

Es erscheint die page http://www.germany-aol.com. Gehe dort auf «AOL NETFIND» ... und gib zum Beispiel das Keywort «DEUTSCHE LUFTHANSA» ein. Automatisch erscheint dann das Suchergebnis, sagt Dir «geh zuerst zur DEUTSCHEN LUFTHANSA AG» ... dort klickst Du drauf und ... <schwupps> ... bist Du bei der «INFO FLUGWAY» der Lufthansa InfoFlyway (einfach kurz anklicken) – dann folgst Du einfach den einzelnen Steps ...

Ist wirklich ganz einfach ... :-)

Ach ja, «unterwegs» kannst noch irgendwo anklicken, ob Du die Auskünfte in Deutsch oder Englisch haben möchtest ;-)

Mein persönlicher Tip
Ich finde, es ist einfacher, unter Kennwort (STRG und K) «REISEN» einzugeben ... und dort dann **FLY@AOL** oder **L'TUR** oder **LUFTHANSA** ...

Guten Flug ;-)

* 9) Kataloge von Versandhäusern durchsehen

Gib Kennwort (STRG und K gedrückt halten) MARKTPLATZ ein.

Hier kannst Du nach Herzenslust shoppen gehen. Ob bei Beate Uhse oder bei Neckermann ;-). Natürlich kannst Du hier auch Blumen bei «FLEUROP ONLINE» oder auch Bücher bestellen (siehe auch Homepage im Internet: http://www.boulevard.de).

Außerdem findest Du hier immer wieder nützliche Kauftips.

* 10) Paßwort

Wenn Du Deine AOL-Software installierst, gibst Du ja Dein von Dir gewähltes Paßwort ein. **Merke es Dir gut!**

Das Paßwort muß mindestens vier Zeichen lang sein. Empfehlenswert ist eine Kombination aus Buchstaben und Ziffern mit mindestens sechs Zeichen. Bedenke: Jede Person, die über Deinen AOL-Namen und Dein Paßwort verfügt, kann sich unter Deinem Namen bei AOL anmelden, überläßt die Begleichung der Gebühren aber Dir! Gib also niemals Dein Paßwort raus, an NIEMANDEN, auch nicht an Personen, die sich als Mitarbeiter ausgeben! Sollte ein sogenannter «Paßwort-Surfer» Dich nach Deinem Paßwort fragen, melde das sofort einem «Lotsen». Diese Lotsen sind ehrenamtliche AOL-Mitarbeiter, die im Online-Dienst für Ordnung sorgen. Sie sind zuständig für die Überwachung der Nutzungsbedingungen von AOL (zu finden unter Kennwort NUB). Unter Kennwort (STRG und K) «LOTSENRUF» findest Du also zu jeder Zeit Hilfe.

Du solltest Dein Paßwort regelmäßig ändern! Das kannst Du folgendermaßen:

Unter Kennwort (STRG + K gedrückt halten) und dann den Begriff «**Paßwort**» eingeben.

Mein persönlicher Tip
Um Dein Paßwort nicht bei jedem neuen Anmelden manuell eingeben zu müssen, kannst Du OFFLINE eine Automatik eingeben. Gehe dazu unter «Mitglie-

der» oben in der Menüleiste. Dann unter «Präferenzen» und «Paßwörter». Neben jedem Deiner eingerichteten Namen kannst Du nun Dein Paßwort eingeben. Bedenke aber, daß jeder, der Zugang zu Deinem Rechner hat, sich dann auch automatisch ohne Kenntnis und Eingabe Deines Paßwortes in Deinen AOL-Account einwählen kann.

*11) Privatraum

Wie eröffnest Du nun einen solchen (ungestörten) Raum? Ganz einfach ;-)

Siehe unter Punkt 3.2.2. «Chatten im Privatraum».

*12) Treffpunkt

Kennwort (STRG und K gedrückt halten) und «**TREFFPUNKT**» eingeben. Unter anderem findest Du hier alles zu den Themen **Hobby** und **Freizeit**, **Kulturelles** und **Beruf & Karriere**. Außerdem kannst Du hier Kleinanzeigen lesen und aufgeben.

*13) Museum

Besonders aufgefallen ist mir die deutsche Kunst- und Ausstellungshalle in Köln.

Wenn Du im Internet **http://www.kah-bonn.de** eingibst, kannst Du unter dem Topic «Einblick» zum Beispiel direkt am aktiven Geschehen dort teilnehmen. Du siehst, welche Besucher sich zum jetzigen Zeitpunkt dort an welchem Ort gerade aufhalten ;-)

*14) Online-Quiz

Kennwort (STRG und K gedrückt halten) und «QUIZ» eingeben.

Hier kannst Du Dein Wissen testen, unter anderem in den Bereichen Geographie, Science-Fiction, Kino und Allgemeinwissen. Viel Glück :-)

*15) Foren

Kennwort (STRG und K gedrückt halten) und «**FOREN**» eingeben. Hier findest Du eine Übersicht aller im AOL vertretenen Foren, zu welchem Bereich sie gehören und wie Du dorthin kommst. Sicher ist auch für Deinen Geschmack etwas dabei!

* 16) Rechtforum

Kennwort (STRG und K gedrückt halten) und «RECHT» eingeben.

Hier findest Du nach einzelnen Rechtsgebieten aufgeteilt Urteile, Informationen, Gesetzestexte und Rechtsprechungs-Übersichten. Falls Du Hilfe von einem Anwalt suchst, bekommst Du hier Tips oder kannst auch den Anwaltsuchservice finden.

* 17) Pinboards

Ein Pinboard ist vergleichbar mit einem schwarzen Brett, an dem Du eine Nachricht hinterlassen kannst. In einem Pinboard kannst Du den anderen AOL-Mitgliedern Fragen zu bestimmten Themen stellen oder Ideen mit ihnen austauschen.

Du kannst eine Mitteilung an das Pinboard Deiner Wahl hängen.

Alle Leser können dann Stellung zu Deiner Nachricht nehmen, indem sie diese aufrufen und auf «MITTEILUNG BEANTWORTEN» drücken.

Unter Kennwort (STRG und K gedrückt halten) BIGBOARD erhältst Du eine Gesamtübersicht aller Pinboards im AOL.

* 18) Finanzforum

Schau Dich selbst einmal um dort. Kennwort (STRG und K gedrückt halten) und **FINANZEN** eingeben …

* 19) Literaturforum

Kennwort (STRG und K gedrückt halten) und **LITERATUR** eingeben.

* 20) Konferenzen

Kennwort (STRG und K gedrückt halten und **KONFERENZEN** eingeben, siehe auch unter Punkt **3.2.1**. «Chatten in Konferenzen».

* 21) Gerichtsurteile im Forum Recht

Kennwort (STRG und K) und dann «**RECHT**» eingeben … siehe auch «Forum Recht» unter Punkt **16**.

* 22) Akademie der Bildenden Künste

Dies ist eine virtuelle Akademie in München, die Du Dir nicht entgehen lassen solltest.

Geh einfach mal ins Internet (Weltkugel, Du weißt) und gib die Internet-Adresse **http://www.adbk.mhn.de** ein.

Unter *Medienprojekte* und *Medienwerkstatt* findest Du interessante Objekte, die ausschließlich virtuell zu bestaunen und somit nur Internetanwendern zugänglich sind.

* 23) Österreich-Chat

Unter Kennwort «International» gelangst Du unter anderem auch nach Österreich und in die Schweiz. Und es stimmt wirklich: Hier triffst Du außerordentlich charmante Gesprächspartner ;-)

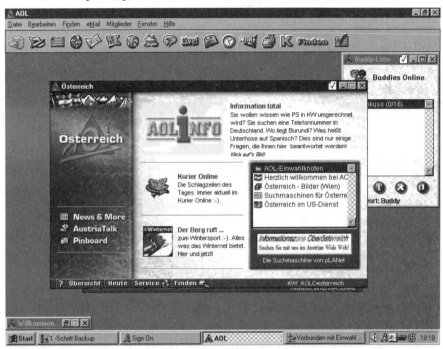

* 24) AOL-Mitgliedergalerie

Gib das Kennwort «**Treffpunkt**» ein und gehe dann unter «LEUTE». Rechts findest Du das Topic «AOL-Galerie». Hier kannst Du Dir die Fotos einiger Mitglieder ansehen, sofern sie eines veröffentlicht haben.

* 25) Topics

sind «Themen», unter denen Du am Pinboard Deine Nachrichten hinterlassen kannst.

* 26) Juristenstammtisch

In einigen Foren werden inzwischen schon diese «Stammtische» angboten, an denen sich nicht nur Fachleute zum allgemeinen Erfahrungsaustausch zusammenfinden.

Sonntags um 21 Uhr ist im Forum «Recht» zum Beispiel ein sehr gemischtes Publikum vertreten, und die Rechtsanwälte verlieren manchmal sogar die Hemmschwellen gegenüber dem «Otto Normal Verbraucher» ;-)

* 27) WUV (Wir um Vierzig)

Dieses Forum findest Du im Bereich «Treffpunkt». Gib also Kennwort (STRG und K) TREFFPUNKT ein und gehe dann unter «LEUTE» ... (Du kannst auch direkt Kennwort «WUV» eingeben)

* 28) Online-Schulungen

Diese Schulungen sind AOL-Mitarbeitern vorbehalten. Alle ehrenamtlichen AOL-Mitarbeiter müssen sich über die Nutzungsbedingungen (NUBs) informieren und an den sogenannten Online-Schulungen in der eigens dafür eingerichteten Online-Uni teilnehmen. Differenziert nach Tätigkeitsfeldern lernt hier der Mitarbeiter viel über die Pinboardpflege, das Verhalten in «kritischen» Situationen, über die Moderation in Konferenzen und nicht zuletzt auch über die Anwendung der HTML-Programmiersprache, mit der er seine Beiträge online veröffentlichen kann. Die Schulungen sind kostenlos, und ich selbst habe damals als Scout viel lernen können in diesen Online-Schulungen.

Letzten Endes kommt das hier Gelernte allen AOL-Mitgliedern zugute.

Aber auch als «normaler» User kannst Du an verschiedenen Schulungen teilnehmen. Siehe dazu unter «Abschluß» den Bereich «WELCOME TEAM» ein.

* 29) Software-Bereich

Kennwort (STRG und K gedrückt halten) und dann «SOFTWARE» eingeben ...

Mit der Dateisuche findest Du schnell und bequem die Dateien, die in den deutschsprachigen Software-Archiven für Dich bereitgestellt wurden. Gib einfach Suchbegriffe ein, die Deine gesuchte Datei be- oder umschreiben. Die Groß- oder Kleinschreibung der Suchbegriffe hat keine Auswirkung auf das Suchergebnis. Du kannst Dir die entsprechende Software kostenlos runterladen und später dann auf Deinem Rechner installieren.

Mein persönlicher Abschlußtip
In den ersten Tagen solltest Du es nicht versäumen, mal unter Kennwort (STRG und K) **WELCOME TEAM** reinzuschauen. Dort kannst Du Dir einen konkreten Überblick über das gesamte Angebot verschaffen, von dem ich Dir hier nur die ersten Schritte näherbringen konnte.

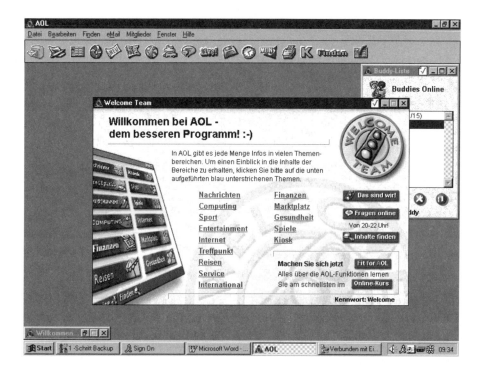

So, das soll fürs Erste genügen.
Ich hoffe, es ist mir gelungen, Dir einige Einsteigertips zu geben.
Sei unbesorgt, es ist gar nicht so schwer!
Mir macht es immer noch einen ungeheuren Spaß,
auf den Spuren der Zukunft zu sein und ...
vielleicht konnte ich Dich ja ein bißchen anstecken mit meiner Begeisterung?

Wäre ja echt toll, wenn wir uns mal treffen würden ;-)
Vielleicht ist Peter dann auch gerade online oder Manni oder auch unser Verlobungspaar?

Na ja, wie dem auch sei,
auf jeden Fall kann ich Dir mit Rat und Tat zur Seite stehen,
wenn Du noch Fragen haben solltest.

Allerdings <smile>, ich heiße nicht mehr «Hexenkuss»,
aber ich bin sicher, Du wirst mich schon finden, wenn Du willst ;-)

Bis dann,

:-xxx Gaby

`http://members.aol.com/hexenkiss/`

Buchprogramm SmartBooks

SmartBooks im Internet
Einen stetig aktualisierten Überblick über unser gesamtes Buchprogramm inklusive aller Neuerscheinungen finden Sie auf unserer Homepage unter **http://www.smartbooks.ch** und unter **http://www.netzmarkt.de/smartbooks**

Schauen Sie mal vorbei!

VERLAGSPROGRAMM • SMARTBOOKS

Produktiver mit System 8 – so wird's gemacht

Aus der Feder von Bestseller-Autor Thomas Maschke: Das grosse Buch zum grossen Wurf von Apple. Der Autor hat intensiv recherchiert und zeigt den Lesern, wie sie das System von der ersten Minute an perfekt nutzen. Schritt für Schritt führt er die Anwender durch Installation und Anpassung zum perfekten Einsatz, so dass sie sofort produktiv sind. Was ist neu, was ist besser? Maschke verrät haufenweise Tips und Tricks (vor allem solche, die nicht im Handbuch stehen), erklärt den Umgang mit den Schlüsseltechnologien und zeigt Modifikationsmöglichkeiten auf.

Autor: Thomas Maschke
224 Seiten • ISBN: 3-908488-41-9
sFr. 45.–/DM 49.–/ÖS 358.–

SMARTBOOKS BRINGEN SIE WEITER!

SMARTBOOKS • VERLAGSPROGRAMM

Jeder Mac ist eine kleine Multimedia-Maschine!

Dieses Buch zeigt jedem Macintosh-Benutzer, wie er die inneren Fähigkeiten seines Mac ausschöpft und mit wenig Aufwand die Multimedia-Fähigkeiten seines Rechners nutzt. Zum Vergnügen ebenso wie für ernsthafte Projekte.

Auf der beiliegenden CD-ROM finden Sie die besten und wichtigsten Programme und Utilities, die Sie in die Lage versetzen, Audio, Video, Bilder und Quick-Time-Movies zu erstellen, zu bearbeiten und in Ihre Projekte einzubinden.

Autor: Thomas Maschke
336 Seiten mit CD-ROM
ISBN: 3-908488-08-7 • sFr. 75.–/DM 79.–/ÖS 577.–

Das Powertrio zum neuen FileMaker Pro 4

Das Grundlagenbuch zu FileMaker Pro 4
Nicolaus Busch, Mara Busch & Dr. Christopher Busch
368 Seiten, mit CD-ROM für Macintosh und Windows
ISBN 3-908488-45-1 • DM 69.–/SFr. 65.–

Das Profibuch zu FileMaker Pro 4
Dr. Christopher Busch
400 Seiten
Mit CD-ROM (Macintosh & Windows)
ISBN 3-908488-44-3
DM 79.–/SFr. 75.–

Die besten Tips und Tricks zu FileMaker Pro
Klaus Kegebein
240 Seiten
Mit CD-ROM (Macintosh & Windows)
ISBN 3-908489-01-6
DM 69.–/SFr. 65.–

LERNEN • SPASS HABEN • WEITERKOMMEN!

VERLAGSPROGRAMM • SMARTBOOKS

Erfolgreiche Präsenz im Internet
Machen Sie Ihre Homepage zum Hit!

Dabeisein ist im Internet längst nicht mehr alles. Heute konkurrieren Millionen von Webseiten um die Gunst der Surfer – warum sollten diese also ausgerechnet bei Ihnen hereinklicken? Dieses Buch verrät es Ihnen! Es zeigt Ihnen eine integrierte Strategie, mit der Sie Ihre Website zum Erfolg führen. Sie lernen, wie Sie die Surfer dieser Welt zu zufriedenen Stammgästen machen, die immer wieder gerne hereinschauen. Von den Tips und Tricks dieses Buchs profitieren Sie immer wieder – egal, ob Sie zum ersten Mal eine Internet-Präsenz aufbauen oder einer bestehenden zum Durchbruch verhelfen wollen. Umfangreiche Checklisten machen dieses SmartBook zum optimalen Begleiter.

Highlights
- Ziele und Möglichkeiten einer Präsenz im Internet
- Überblick Veröffentlichungsmöglichkeiten für Webseiten
- Beispiele erfolgreicher Unternehmenspräsenzen im Internet
- Layouttricks mit Tables und Frames
- Innovative Möglichkeiten zur Leserbindung
- Effektive Werbung für Ihre Site
- Erfolgskontrolle mit Hilfe von Serverlogs

Autorin: Petra Vogt • 288 Seiten mit CD-ROM für Windows und Mac
ISBN: 3-908489-00-8 • sFr. 65.–/DM69.–/ÖS 650.–

WebDesign in der Praxis

Was macht den Besuch meiner Webseite zum angenehmen Erlebnis? Welchen echten Nutzen biete ich potentiellen Kunden? Mit Tips zur Planung und Strukturierung von Inhalten, Strategien zur visuellen Umsetzung und Ideen zur Interaktion zeigt dieses Buch anhand von Beispielen aus der Praxis Schritt für Schritt das Entstehen einer professionellen Website.

Autoren:
Olivier Heitz, Christof Täschler, Claudia Blum
Mit CD-ROM (inkl. Vollversion Claris HomePage)
ISBN: 3-908488-27-3 (vierfarbig)
sFr. 85.–/DM 89.–/ÖS 650.–

SmartBooks bringen Sie weiter!

SMARTBOOKS • VERLAGSPROGRAMM

Mit dem Macintosh ins Internet

Dieses SmartBook nimmt den Internet-Neuling an die Hand und führt ihn Schritt für Schritt in die aufregende Welt des Internets hinein. Alle Fragen werden leichtverständlich erklärt und Klippen gemeinsam umschifft. Auf der CD ist alles, was Sie brauchen. So macht das Internet von der ersten Minute an Spass!

**Autorin: Helga Kleisny • 240 Seiten mit CD-ROM
ISBN: 3-908488-36-2 • sFr. 55.–/DM 59.–/ÖS 431.–**

Netscape Communicator 4 im Internet

Der «Communicator», Nachfolger des legendären «Netscape Navigator 3.0», das von Grund auf neue Online-Produkt, bildet ein Komplettpaket für alle Internet-Surfer und deckt damit rund 90% der täglichen Anwendungsgebiete vollständig ab.

Das erste deutschsprachige Standardwerk zur neuen Software schildert im Detail und leicht verständlich die Installation, Konfiguration und die Bedienung des Communicators und enthält viele Tips und Tricks aus der Praxis für die effektive Arbeit.

Ein Buch für den Einsteiger-Internauten ebenso wie für den Internet-Freak – mit garantiert hohem Nutzwert!

**Autor: Oliver Pott • 304 Seiten, mit CD-ROM für Windows und Macintosh
ISBN 3-908488-23-0 • sFr. 45.– / DM 49.– / ÖS 358.–**

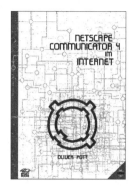

Microsoft Internet Explorer 4

Mit dem Internet Explorer 4 knüpft Microsoft an den grossen Erfolg der Vorgängerversion 3.0 an. Die nächsten Windows-Versionen werden serienmässig mit dem Explorer 4 ausgeliefert; als Vollprodukt ist der Explorer jedoch auch kostenlos im Internet erhältlich.

Das SmartBook zur Software befasst sich mit der Konfiguration und Bedienung des Explorers und nennt Tips und Tricks aus der Praxis. Der Leser erhält ausserdem eine leicht verständliche Einführung in die Funktion und Struktur des Internets und zahlreiche weitere Informationen.

Die CD–ROM enthält aktuelle Software zur Verwendung unter Windows 95 und Windows NT 4.0, die eine optimale Nutzung des Internets ermöglichen.

**Autoren: Oliver Pott und Gunter Wielage • 272 Seiten, mit CD-ROM
ISBN: 3-908488-24-9 • sFr. 55.–/DM 59.–/ÖS 431.–**

LERNEN • SPASS HABEN • WEITERKOMMEN!

Surfen im Internet

Die Faszination, die vom Internet ausgeht, liegt nicht in den Bits und Bytes, sondern in den schier unbegrenzten Möglichkeiten des neuen Mediums und in den damit verbundenen Geschichten.

«Surfen im Internet» erzählt diese Stories des Internets und zeigt dabei anschaulich, wie sich das World Wide Web benutzen lässt. Es entführt die Leser in die unendlichen Weiten des World Wide Webs und macht sie mit den Menschen der virtuellen Welt bekannt.

«Surfen im Internet» verknüpft die Anekdoten um das Netz auf unterhaltsame Weise mit Tips und interessanten Netz-Adressen und ist damit Reiseführer und Handbuch zugleich.

Autor: Matthias W. Zehnder • 368 Seiten mit CD-ROM für Windows und Mac
ISBN: 3-908488-05-2 • sFr. 65.–/DM 69.–/ÖS 504.–

Besuchen Sie uns im Internet! http://www.smartbooks.ch

Webphoning & Netfax – weltweite Kommunikation zum Ortstarif
2. überarbeitete und erweiterte Auflage

Die Alternative zum Telekom-Monopol «Sprachvermittlung»! Wer im Internet surft, kann auch damit telefonieren – zu massiv niedrigeren Kosten! Die benötigte Hardware ist preiswert und oft bereits vorhanden; die Webphoning-Software liegt diesem Buch bei.

Das SmartBook «Webphoning» führt auch technisch nicht vorgebildete Leser Schritt für Schritt in die Geheimnisse ein und hilft bei Einrichtung, Konfiguration und Nutzung eines funktionsfähigen Webphoning-Systems über Internet-Faxen bis hin zu Videoconferencing. Die beigelegte CD-ROM enthält viel aktuelle Webphoning-Software für Macintosh und Windows.

Autor: Oliver Pott • 176 Seiten mit CD-ROM für Windows und Macintosh
ISBN 3-908488-37-0 • sFr. 55.– / DM 59.–/ ÖS 431.–

Akte Internet – 250 Seiten, die es gar nicht geben dürfte…

Aus den Akten der Internet-Abenteurer Oliver Pott und Gunter Wielage: Skurrile, mysteriöse, ausgeflippte, unerklärliche, irrsinnige und witzige Seiten, die Sie mit keiner Suchmaschine so einfach finden!

Schnallen Sie sich an und lehnen Sie sich entspannt zurück! Wir laden Sie ein zu einer zugleich faszinierenden, begeisternden, spannenden, bunten, skurillen und kuriosen Rundfahrt durch das Mega-Medium der Zukunft und Gegenwart.

Autoren: Oliver Pott und Gunter Wielage • 160 Seiten
ISBN: 3-908488-42-7 • sFr. 45.–/DM 49.–/ÖS 358.–

SmartBooks Intranet-Bibel

Neben technischen Konzepten und in der Praxis verwendbaren Lösungen legt der Autor grossen Wert auf die direkte Anwendbarkeit der vorgestellten Anwendungen in der Firmenkommunikation und löst sich damit von der reinen Technik.
Kritische Betrachtungen bieten einen ersten Ansatz für eigene Entscheidungen. Die «SmartBooks Intranet-Bibel»: Das professionelle Standardwerk zum Thema mit garantiert hohem Nutz- und Praxiswert. Unverzichtbar für Technik- und Intranet-Profis ebenso wie für Manager und Geschäftsführer von Unternehmen, die Intranets einsetzen möchten.

Autor: Oliver Pott • mit CD-ROM für Macintosh und Windows
ISBN: 3-908488-22-12 • sFr. 75.–/DM 79.–/ÖS 577.–

SmartBooks Computer-Lexikon

Entmystifizierte Computer-Terminologie! Adressbus und Callback, Disassembler, Firewall, Intranet und Overdrive, Pipeline, SCSI, TCP/IP und WWW: Das Dickicht der Fachbegriffe in der Computerwelt wird jetzt gelichtet! In mehr als 2500 Definitionen führt Peter Fischer – seit 1986 als Lexikon-Autor erfolgreich – seine Leserinnen und Leser heran an die verwirrende Fülle deutscher und englischer Fachbegriffe der Informatik und Telekommunikation.
Berücksichtigt sind Fachwörter aus der Hardware-Technik, Entwicklung und Anwendung über alle Computer-Plattformen. Die Definitionen sind kurz und prägnant, Querverweise helfen beim Einordnen eines Wortes in sein begriffliches Umfeld.

Autor: Peter Fischer • Taschenbuchausgabe, 288 Seiten
ISBN 3-908488-14-1 • sFr. 23.– / DM 24.90 / ÖS 182.–

1000 Fragen & Antworten
Das grosse Werk der PC-Allgemeinbildung

Warum – weshalb – wieso? Tausend Fragen drängen sich bei der Arbeit mit dem Computer auf – ebensoviele Antworten gibt dieses SmartBook. Das grosse Nachschlagewerk der PC-Allgemeinbildung lässt die Anwender nicht allein auf der Suche nach Lösungen. Kompetente Auskünfte und allgemeinverständlicher Schreibstil machen das Buch mit den tausend Fragen und Antworten zum unentbehrlichen Weggefährten durch die manchmal unlogischen Wirrnisse der Datenverarbeitung.
Dipl. Ing. Oliver Rosenbaum ist Fachautor, Dozent und Sachverständiger und sammelt seit Jahren die Fragen von PC-Anwendern in der täglichen Praxis – und die dazugehörigen Antworten. Hier präsentiert er sie zum ersten Mal in Buchform.

Autor: Oliver Rosenbaum • 864 Seiten
ISBN: 3-908488-20-6 • sFr. 55.–/DM 59.–/ÖS 431.–

VERLAGSPROGRAMM • SMARTBOOKS

Willkommen zu Macintosh!
Dies ist nicht nur der perfekte Einstieg in die Welt des Macintosh, sondern zugleich ein Muss für alle, die mehr über ihren Lieblingscomputer wissen möchten. Es ist nicht nur Nachschlagewerk, sondern um ein leichtverständlicher, lockerer und unterhaltsamer Begleiter für die erste Zeit. Auch wenn Sie sich bereits ein wenig auskennen, wird «Willkommen zu Macintosh» Ihr Wissen erweitern, offene Fragen beantworten und Sie auf neue Ideen und Arbeitstechniken bringen.
Jede Seite enthält wertvolle Informationen und erklärende Illustrationen – und auf der CD-ROM finden Sie viele Schriften, Bilder und Töne!

Autor: Max Schlapfer • 400 Seiten mit CD-ROM
ISBN: 3-908488-09-5 • sFr. 65.–/DM 69.–/ÖS 504.–

Erste Hilfe für den Macintosh – 4. aktualisierte & überarbeitete Auflage
Was unterscheidet den Profi vom Amateur? Woran liegt es, dass sich die einen Anwender selbst helfen können, während andere auf Hilfe von aussen angewiesen sind? Mit «Erste Hilfe für den Macintosh» wird jeder Anwender zum Profi. Viele Listen zu immer wieder auftauchenden Problemen und vor allem umfassende Grundlagen machen dieses Buch so wertvoll!
Ob es nun um die Festplatte, das Betriebssystem oder um Viren geht – «Erste Hilfe für den Macintosh» vermittelt auf leichtverständliche und kompetente Art scheinbar komplexe Zusammenhänge. Dieses Buch ist innert kürzester Zeit zu einem Bestseller geworden.

Autor: Thomas Maschke • 736 Seiten mit CD-ROM
ISBN: 3-908488-31-1 • sFr. 78.–/DM 89.–/ÖS 650.–

1500 Tips & Tricks für den Macintosh
– 3. aktualisierte & überarbeitete Auflage
Dies ist die geballteste Ladung an Tips, die je für den Macintosh erschienen ist! Seite um Seite reihen sich nützliche Kleinigkeiten aneinander und führen zu massiven Arbeits- und Zeiteinsparungen. Über 100 Seiten widmen sich allein dem System und dem Finder. Dazu kommen themenspezifische Tips zu Textverarbeitung und Desktop Publishing.
Ausserdem haben wir für Sie die besten Kniffs für populäre Programme wie Word, ClarisWorks, FileMaker, PageMaker und viele mehr zusammengetragen!
Die Standardlektüre für alle Anwender!

Autor: Thomas Maschke • 688 Seiten mit CD-ROM
ISBN: 3-908488-32-X • sFr. 78.–/DM 89.–/ÖS 650.–

SMARTBOOKS BRINGEN SIE WEITER!

ClarisWorks Office 5 für Macintosh und Windows

Eines für alles! Mit ClarisWorks Office 5 auf dem Rechner gibt es keinen Grund mehr, andere teure Software anzuschaffen und mühsam zu erlernen. Das integrierte Paket schreibt wie ein Grosses, zeichnet und malt mit Pinsel, Formen und Effekten, rechnet wie ein Mathematiker und verwaltet Datenbanken für jeden Zweck. Und das in einer Weise, die keine Vorkenntnisse verlangt.

Das Buch bietet eine fundierte Einführung, beschreibt die Installation und Fehlerbehebung und zeigt Ihnen dann anhand vieler Beispiele und Tricks, wie Sie aus jedem Modul das Maximum herausholen!

Auf der beiliegenden CD-ROM finden Sie die besprochenen Beispiele und Vorlagen wieder.

Autor: Martin Kämpfen • 288 Seiten mit CD-ROM (Mac/Win)
ISBN: 3-908488-15-X • sFr. 55.–/DM 59.–/ÖS 431.–

Claris Works 4 für den Macintosh

Keine andere Integrierte Software bietet eine so nahtlose Verschmelzung der einzelnen Module wie ClarisWorks 4! Was immer Ihr Herz begehrt – das SmartBook «ClarisWorks 4 für den Macintosh» macht Sie fit für die Praxis! Umfangreiche Beispiele und sofort nachvollziehbare Übungen führen Sie Schritt für Schritt in die Feinheiten dieser Wundersoftware ein. Dutzende von Schritt-für-Schritt-Anleitungen – für den schnellen und sicheren Einstieg!

Autor: Martin Kämpfen • 336 Seiten mit CD-ROM
ISBN: 3-908488-16-8 • sFr. 55.–/DM 59.–/ÖS 431.–

Excel 5 für den Macintosh

Im SmartBook «Excel 5 für den Macintosh» setzt der Autor seine langjährige Erfahrung als Kursleiter um. In über 200 Abbildungen und leichtverständlichen Anleitungen zeigt er Ihnen Schritt für Schritt, wie Sie das meistbenutzte Tabellenkalkulationsprogramm auf dem Macintosh erfolgreich einsetzen. Dabei arbeiten Sie an alltäglichen Beispielen aus der Praxis: Kassabuch, Rechnungsformular, Arbeitszeitabrechnung, Adressverwaltung, Umsatzstatistik, Preiskalkulation. Theorie gibt's nur so viel wie nötig. Grundkenntnisse und -techniken stehen im Zentrum und werden angereichert mit vielen Tips und Tricks für schnelles, effizientes Arbeiten. Hier finden Sie alles, was Sie für den professionellen Einsatz von Excel 5 benötigen.

Autor: Roger Klein • 400 Seiten mit Diskette
ISBN: 3-908488-12-5 • sFr. 65.–/DM 69.–/ÖS 504.–

Kommunikation total mit dem Macintosh

Dank Apples Weitblick ist kein Computer für die Kommunikation besser geeignet als der Macintosh. Egal, ob es um E-Mail, Datenaustausch oder die Nutzung von Informationsquellen geht – «Kommunikation total mit dem Macintosh» bringt Sie weiter.

Das Buch enthält das Grundlagenwissen, das Sie für die Kontaktaufnahme mit dem Rest der Welt benötigen. Lernen Sie alles über: Modem, BTX, Videotext, CompuServe, Internet, E-Mail oder den Zusammenschluss von Netzwerken.

Autor: Peter Fischer • 360 Seiten mit CD-ROM
ISBN: 3-908488-06-0 • sFr. 65.–/DM 69.–/ÖS 504.–

VERLAGSPROGRAMM • SMARTBOOKS

Macintosh und Musik

Möchten Sie in die Welt der elektronischen Musik einsteigen oder sind Sie bereits ein gestandener Anwender? Hier finden Sie in einem Werk alle Themen, die für Sie wichtig sind. Ob Sie sich nun für MIDI-Standards, für Notationsprogramme oder Harddisk-Recording interessieren.

Dieses Werk vermittelt Ihnen praxisorientiertes Know-how und bietet nebst unzähligen Hintergrund-Informationen zudem Demoprogramme, hilfreiche Tips für die Anschaffung von Hard- und Software sowie alle wichtigen Sharewareprogramme. Der «sanfte Einstieg» in die Welt der Musiziererei mit dem Macintosh!

Autor: Kalli Gerhards • 360 Seiten mit CD-ROM
ISBN: 3-908488-04-4 • sFr. 65.–/DM 69.–/ÖS 504.–

Macintosh zu Hause

Erfahren Sie, wie Sie zu Hause ohne Mehrkosten eigene Multimedia-Produkte erstellen, wie Sie zu schon fast symbolischen Beträgen Ihre Softwaresammlung mit Profiprodukten ausbauen, wie Sie eigene Spiele gestalten und vieles mehr! Erst dieses Buch macht den Macintosh zu dem, was er eigentlich ist: Der beste Computer für den Heimbereich!

Auf der CD-ROM: Vollversion von ClarisImpact, viele Clip-Arts und Schriften. Dieses Buch ist ein Vielfaches seines Preises wert und sorgt dafür, dass Sie zu Hause und im Beruf mehr Spass Freude an Ihrem Macintosh haben und dass Ihre Kinder sinnvoll in die Welt der Computer eingeführt werden!

Autor: Klaus Zellweger • 454 Seiten mit CD-ROM
ISBN: 3-908488-02-8 • sFr. 69.–/DM 79.–/ÖS 577.–

Macintosh im Kleinbetrieb

Dies ist der Wegweiser zu einer effizienten Computeranlage – holen Sie mit einem Minimum an Aufwand das Maximum heraus!

Sie erfahren hier, wie Sie Schritt für Schritt eine Anlage aufbauen, die nicht nur Ihrem Budget gerecht wird, sondern auch Fehlinvestitionen ausschliesst und an der Zukunft orientiert ist.

Autor: Gary Czychi • 424 Seiten mit CD-ROM
ISBN: 3-908488-03-6 • Fr. 69.–/DM 79.–/ÖS 577.–

Der Business-PC: Erfolgreicher Computer-Einsatz im Unternehmen

Auf leichtverständliche Weise wird dieses Buch Ihnen helfen, die richtigen Entscheidungen bei der Planung, Anschaffung oder der Erweiterung von betrieblicher Soft- und Hardware zu fällen.

Durch kompetente Entscheidungshilfen erfahren Sie, wie Sie das Beste für Ihr Geld bekommen und dabei den einen oder anderen Geldschein sparen. Workshops und Fallbeispiele machen den EDV-Einsatz im Betrieb nachvollziehbar. Firmengründer, die bei der Ausstattung ihres Betriebes mit EDV Rat suchen und sich vorab informieren möchten, werden dieses Buch genauso zu schätzen wissen wie Betriebseigner, die im Begriff sind, ihre Firma mit Computern auszustatten oder die Computeranlage zu erweitern.

Autor: Norbert Salomon • 440 Seiten mit CD-ROM für Windows inkl. Vollversion ClarisWorks 4 und Virenscanner
ISBN: 3-908488-35-4 • Fr. 65.–/DM 69.–/ÖS 504.–

SMARTBOOKS • VERLAGSPROGRAMM

Erfolgreiches Selbst-Marketing
Ein Ratgeber für Arbeitslose und alle, die es nicht werden wollen
Nur derjenige wird sich auf dem Arbeitsmarkt durchsetzen können, der gutes Selbst-Marketing betreibt.
Und: Selbst-Marketing auf dem Arbeitsmarkt ist heute Grundvoraussetzung, um überhaupt bestehen zu können, nicht nur als Arbeitsloser oder Stellensuchender, sondern bereits als Angestellter, der seine Stelle behalten will.
In seinem Buch zeigt Autor Flavian Kurth die Parallelen zwischen Produkte-Marketing und Selbst-Marketing auf und zeigt den Lesern mit vielen Beispielen und Checklisten, wie sie sich besser verkaufen können.

Autor: Flavian Kurth • 320 Seiten
ISBN: 3-908488-38-9 • Fr. 47.–/DM 49.–/ÖS 358.–

In 7 Tagen zum Spitzenverkäufer
Bernhard P. Wirth bildet seit 8 Jahren in seinen Seminaren Verkäuferpersönlichkeiten bei grossen Unternehmen aus der Luftfahrt, dem Automobilbau und dem Bank-, Bauspar- und Versicherungswesen aus.
Seine gesammelten Erfahrungen und sein Wissen gibt er hier erstmals in Buchform wieder. Er lässt Sie verstehen, was sich in Verkäufer und Käufer abspielt und wie Sie mit diesem Wissen zu Erfolg und Zufriedenheit gelangen. Viele Grafiken und Checklisten machen das Buch zu einem praktischen Begleiter auf Ihrem Weg zum glücklichen Verkäufer.
Es sind 7 Stufen, die auf dem Weg zur Verkäuferpersönlichkeit zu begehen sind. Jede dieser Stufen können Sie in einem Tag nehmen – werden Sie in 7 Tagen zum Spitzenverkäufer!

Autor: Bernhard P. Wirth • 288 Seiten
ISBN: 3-908488-30-3 • Fr. 47.–/DM 49.–/ÖS 358.–

Heile Dich selbst – sonst heilt Dich keiner!
Über 500 Krankheitsbilder und ihre verschlüsselten Botschaften
Für Menschen, die krank sind, und für Menschen, die kranke Menschen kennen.
Für Gesunde, kranke und wieder genesene Menschen, die den tieferen oder dahinterliegenden Sinn ihrer Krankheit oder Krisen erkennen und verstehen lernen möchten.
Der Mensch kann aus seiner Krankheit lernen. Er kann lernen, was sein Körper als Lehrer – über den Umweg der Krankheit – ihm eigentlich sagen will. Der Mensch kann durch die Krankheitsbilder und Krisen im Leben erkennen, welche Aufgaben der Betroffene zu überwältigen hat und auf welchen weiteren Lebensweg er sich begeben sollte.

Autor: Bernhard P. Wirth • 288 Seiten
ISBN: 3-907601-01-7 • Fr. 47.–/DM 49.–/ÖS 358.–

LERNEN • SPASS HABEN • WEITERKOMMEN!

LESERMEINUNG

Ihre Meinung ist uns wichtig!

Damit das Schreiben von Büchern nicht zum Monolog verkommt, sind wir auf Ihre Meinung angewiesen! Bitte nehmen Sie sich die Zeit, um die Fragen auf dem nebenstehenden Fragebogen zu beantworten und ihn uns zurückzuschicken oder zu faxen. Wir danken Ihnen recht herzlich und freuen uns auf Ihre Kritik! *Ihre SmartBooks Publishing AG*

SmartBooks Publishing AG
Seestrasse 182 • CH-8802 Kilchberg
Aus der Schweiz: Fax: 01-716.14.25 • Tel: 01-716.14.24
Aus Deutschland oder Österreich: Fax: 0041-1-716.14.25 • Tel: 0041-1-716.14.24
E-Mail: smartbooks@smartbooks.ch   http://www.smartbooks.ch

SMARTBOOKS BRINGEN SIE WEITER!

SMARTBOOKS • VERLAGSPROGRAMM

Ihre Meinung ist uns wichtig!

Der Inhalt des Buchs «Sehnsucht Internet» ist
☐ ausgezeichnet ☐ gut ☐ genügend ☐ ungenügend ☐ unbrauchbar

Ich konnte das Wissen
☐ grösstenteils anwenden ☐ teilweise anwenden ☐ nicht anwenden

Die grafische Aufmachung und die Gestaltung sind
☐ ausgezeichnet ☐ gut ☐ genügend ☐ ungenügend ☐ unbrauchbar

Der Preis für das Buch ist
☐ zu hoch ☐ gerade richtig ☐ zu tief

Die Anschaffung hat sich
☐ gelohnt ☐ nicht gelohnt

Das hat mir sehr gut gefallen:
_____
_____

Das hat mir nicht gefallen:
_____
_____

Weitere Bemerkungen:
_____
_____

Ich wünsche mir weitere SmartBooks zu den Themen:
_____
_____

Vorname/Name: _____

Adresse: _____

PLZ/Ort: _____

Tel.: _____ Fax: _____

☐ Ich möchte über das Buchprogramm in Zukunft automatisch informiert werden.

Bitte einsenden oder faxen an: SmartBooks Publishing AG • Seestrasse 182 • CH-8802 Kilchberg
Faxnummer aus der Schweiz: 01-716.14.25 • Aus Deutschland oder Österreich: 0041-1-716.14.25

LERNEN • SPASS HABEN • WEITERKOMMEN!